En Busca de Uno Mismo

En Busca de Uno Mismo

Sin Selfis

Victor V Bianco

iUniverse®

EN BUSCA DE UNO MISMO
SIN SELFIS

Puede hacer pedidos de libros de iUniverse en librerías o poniéndose en contacto con:

iUniverse
1663 Liberty Drive
Bloomington, IN 47403
www.iuniverse.com
1-800-Authors (1-800-288-4677)

ISBN: 978-1-5320-4708-4 (tapa blanda)
ISBN: 978-1-5320-4709-1 (libro electrónico)

Numero de la Libreria del Congreso: 2018904398

Información sobre impresión disponible en la última página.

Fecha de revisión de iUniverse: 05/01/2018

CONTENIDO

Dedicado con Amor a mis Hijos

Robert y Cristina

PROLOGO

La búsqueda de mis raíces ancestrales comenzó años atrás cuando empecé a preguntarme acerca de mi pasado. Mis dos abuelos fueron viajantes de diferente tipo como también lo fueron otros antepasados. Sin embargo, creo que mi padre fue quien más sufrió de "la fiebre del viajante."

Cuando más estudié la historia de los italianos, más evidencias encontré acerca de cómo ellos aparecen representados entre los que se consideran exploradores, aventureros, y viajantes. Los Romanos empezaron en una aldea y poco a poco se expandieron creando un gran imperio expandiéndose y abarcando la mayor parte de Europa, el norte de África, el Medio Oriente, y partes de Asia. Años después, otro italiano llamado Marco Polo, expandió esa fiebre de explorador llegando a Mongolia, China, India, y otras tierras de esas costas llegando hasta Arabia. Más tarde, Cristóbal Colon, se dejó seducir por los escritos de Marco Polo y siguiendo ciertas señas se inspiró a buscar el camino a la India viajando en dirección opuesta a la que se había seguido hasta entonces. Haciendo eso, Colon llegó a un nuevo mundo sin saberlo; el quedó convencido que había alcanzado la India.

Otro viajante y explorador italiano, Amerigo Vespucci, fue quien estableció con sus mapas que las tierras encontradas por Cristóbal Colon en 1492 no pertenecían a la India, sino que eran tierras nuevas y parte de un nuevo continente. Debido a los mapas preparados y firmados en puño y letra por Vespucci, las tierras fueron llamadas

América por Amerigo. Así que cuando los Americanos del Norte se llenan la boca con la palabra América, le están haciendo homenaje a un gran italiano.

Años más tarde, otro famoso italiano, el general Giuseppe Garibaldi, formó la unificación de Italia bajo un solo rey. El empezó su misión con mil soldados en el norte de Italia, atravesó todo el país hasta los últimos puntos del sur organizando una sola nación eliminando siglos de divisiones. Sin embargo, una vez cumplida su tarea, él le dio el mando del país al rey y buscó nuevos horizontes. Garibaldi encontró una nueva misión en la guerra civil de los Estados Unidos. Con un ejército de mil soldados, como lo había hecho al iniciar su campaña al norte de Italia, se fue a Nueva York para unirse a las fuerzas del norte y combatió para la unificación de los Estados Unidos.

Basándome en la historia y los trabajos de muchos escritores, pude concluir que muchos italianos con los cuales estoy incluido sufren de una condición a la que he llamado *"El Síndrome de Marco Polo."* De acuerdo con el diccionario, un síndrome es "un grupo de señales y síntomas que ocurren juntos y caracterizan una anormalidad particular." Sin embargo, yo prefiero la otra parte de la definición que dice "el síndrome es un grupo de cosas concurrentes como emociones o acciones que como tal forman un patrón identificable." Considero que las características distinguidas en mi síndrome forman un grupo de cosas que incluye un deseo de buscar y alcanzar nuevos mundos, cruzar horizontes, encontrar diferentes pueblos y culturas para aprender de ellos, sentir como si hubiera algo más por conocer, la presencia de una inquietud interna, y una sed por iniciar nuevas exploraciones. Muchos psicólogos consideran que los humanos son animales que buscan patrones en su alrededor para darle sentido al mundo. También nos gusta contar historias y a través de ellas transferimos conocimiento a las próximas generaciones.

Desde muy joven, sentía un deseo por viajar debido a muchas historias que escuché acerca de los viajes emprendidos por mi abuelo. Encima de eso, mi padre se fue de viaje para Argentina. Mi interés se intensificó cuando a la edad de siete años me embarqué con mi familia en un viaje que nos llevó de Italia a Argentina. Durante ese viaje tuve la oportunidad de pisar tierra en Francia, España, Portugal, Senegal, y Brasil. Crucé el Océano Atlántico en barco tres veces antes de que el viaje aéreo se hizo popular. A través de los años, tuve el placer de viajar muchas veces y pude conocer y explorar otros países aparte de los mencionados tal como Uruguay, Puerto Rico, República Dominicana, Méjico, Canadá, Irlanda, Alemania, Suiza, y los Estados Unidos. De los EE. UU. tengo explorado Pennsylvania, California, Nuevo Méjico, Illinois, Colorado, Nevada, y la costa este incluyendo los estados de Massachusetts, Rhode Island, Connecticut, Nueva York, Nueva Jersey, Delaware, Maryland, Virginia, Washington D.C., Carolina del Norte, y la Florida. A pesar de todo eso, todavía siento que hay mucho más que ver y lugares para explorar.

Debido a mis experiencias e inquietudes, decidí escribir acerca de mis viajes por la vida como también acerca de varias experiencias y eventos para dejar un legado a mis hijos. Otra idea que tuve fue que a través de este escrito ofrecerles a ellos un dialogo con su padre. Después de extensas reflexiones, escudriñar mis memorias, y organizar mis pensamientos, las páginas que siguen presentan un resumen de eventos en mi vida de la manera que yo, los recuerdo.

Para iniciar la ardua tarea de escribir, busqué inspiración en un clásico de la literatura argentina, "Martin Fierro" donde el autor, José Hernández, describe con maravilla muchas de mis ideas. Creo que los siguientes versos reflejan mi intento.

Pido a los Santos del Cielo
Que ayuden mi pensamiento
Les pido en este momento
Que voy a cantar mi historia
Me refresquen la memoria
Y aclaren mi entendimiento

Vengan Santos milagrosos,
Vengan todos en mi ayuda,
Que la lengua se me añuda,
Y se me turba la vista;
Pido a Dios que me asista
En una ocasión tan ruda.

CAPITULO

1

El Comienzo & Revisión Histórica

E l mundo que conocí se hizo añicos cuando a los siete años me convertí en inmigrante. Fui sacado de mis raíces cuando, hasta ese entonces sentí confianza y seguridad en un pequeño pueblo donde todos se conocían en las montañas centrales en el sur de Italia. Me embarqué con mi familia en un enorme barco por un viaje que duraría cerca de un mes cruzando el Atlántico que nos llevaría a Argentina. Después, a los 17 años hice otro viaje similar para llegar a Suiza donde estuve viviendo y trabajando unos cuatro años. A los 21 volvimos para Argentina y a los 27 me fui para Nueva York. A pesar de que hice mi hogar en Nueva York y me hice ciudadano estadounidense, nunca dejé de ser o sentirme un inmigrante porque padecí y sufrí mucha discriminación. El rechazo del público que se considera americano ha sido mortificante y doloroso. Cuando uno abría la boca para hablar y el acento de extranjero se notaba, la gente retorcía los ojos, el mansaje corporal indicaba distanciamiento y frialdad, lo cual hacía que uno no fuera bienvenido. Este tipo de interacciones han existido siempre y nunca dejaron de notarse. Por lo tanto, decidí volver a mis orígenes donde creo hay mucho para contar y de que estar orgulloso.

Años atrás, empecé una investigación personal para encontrar datos de la historia familiar. En particular, me intrigó mucho el hecho que durante la década de los años 1990 hallaron criptas en una sección al noreste de Carife, mi pueblo natal. Se estableció que las estructuras y sus contenidos databan 4.000 años. Durante varias visitas que hice sentí que la historia de mi familia era parte integral de la historia del pueblo. Después de la muerte de mi padre en febrero del 2000, tuve una sensación de vacío dentro del alma que se aliviaba cuando viajaba a Carife, donde hacia largas caminatas por sus calles, y muchos paseos por los bosques que rodean al pueblo. Estando allí, sentí una conexión espiritual con mi padre y con mis antepasados. Los hallazgos y la muerte de mi padre me dieron impulso para iniciar un profundo estudio del área, la gente del lugar, y de mi familia. Se formó en mi mente la idea de que yo era una extensión, una presencia presente, una parte integral de esa tierra y sentí la necesidad de traer todo eso a la superficie y exponerlo a la luz.

Mis padres, buscando mejores oportunidades económicas, se trasladaron de Italia a Argentina, de vuelta a Italia para luego ir a Suiza, volvieron para Argentina, y en 1972 se fueron a Brooklyn, en Nueva York. Esta última etapa debería haber sido la última parada porque a fines del 1973 mis hermanos y yo nos reunimos con ellos. Mi hermana estaba casada y tenía una hija por lo cual se quedó en Argentina. Mis hermanos estaban en Suiza mientras que yo estaba en Buenos Aires antes de juntarnos en Brooklyn. A mi hermano menor no le gustó la vida en Estados Unidos y se regresó a Suiza donde continuó trabajando y estudiando hasta que se hizo ingeniero mecánico y se casó con una chica suiza. Cuando mis padres cumplieron 50 años de casados, mis hermanos y yo les regalamos un viaje de un mes en Italia para celebrar la boda de oro en el año 1989. Ellos disfrutaron tanto del viaje que, al regresar a Nueva York, para mi gran sorpresa, mi padre completó su jubilación y se mudó, con mi madre, otra vez al pueblo natal.

Debido a eso, empecé a visitar mi pueblo con bastante frecuencia y obtener información acerca de la historia y detalles de mis antepasados.

Mi padre habló de sus experiencias como soldado y de las aventuras durante la segunda guerra mundial dando algunos detalles de sus familiares. Mi madre fue quien me contó sobre la historia del pueblo y me dio muchos datos sobre su familia, en particular ella recalcó mucho los detalles de su parte paterna. Sentí que mi madre estaba orgullosa de sus antepasados paternos. Durante esas visitas, comencé a apreciar la belleza de la montaña mientras paseaba de arriba abajo los valles, los bosques, y en particular subiendo a la cima donde hay una enorme cruz de cemento pintada de blanco. Desde allí, uno puede ver no solo mi pueblo, sino también varios otros y en días claros se puede apreciar una gran cadena montañosa hacia el sur. Las vistas me dejaban sin aliento. Estando parado en la cima, sentí el calor del sol en mi cara, el viento soplando a mi alrededor, abrazándome. En esos momentos, tuve la experiencia de que me estaba conectando con la tierra, el aire que me rodeaba, y con la gente que lleva siglos en esos lugares. Mientras caminaba por los senderos, sentí que seguía los mismos pasos dados por mis antepasados.

Mi familia es de un pueblo que tiene unos 1.500 habitantes y que en tiempos más prósperos alcanzaron 3.000 personas. Carife está ubicado en las montañas centrales de Italia, los Apeninos, en la parte sur de la región Campania, a unos 100 kilómetros de Napoli y unos 300 kilómetros de Roma. Está en la provincia de Avellino en el área conocida como la Baronia di Vico que forma parte de una sub-región llamada Irpinia. Esta era la tierra de los Irpinos que significa aquellos que caminan con los lobos; ellos eran una de las cuatro tribus llamados Sanniti (Cambria 2003,21). Esa gente tenía una sociedad compleja donde había trabajadores de tierra, cazadores, y guerreros. Ellos llevaban viviendo en esa área entre 4.000 y 2.000 años antes de Cristo (AC) cuando Carife era una pequeña ciudad fortaleza conocida con el nombre de Romulea (Cambria 2003, 20-59). Cuando los vecinos del lado oeste, las tribus de los latinos/romanos, empezaron a expandir su influencia y control alrededor del año 600 antes de Cristo, les costó

3

casi 300 años de guerras y batallas para dominarlos y poder incorporar a los Irpinos/Sanniti dentro del imperio romano después de la última batalla que tuvo lugar entre ellos en el 276 AC (Cambria 2003, 59).

Mi pueblo se encuentra a 740 metros sobre el nivel del mar y por miles de años ha disfrutado de la existencia de fuentes de agua natural. El área está ubicada en la ladera sur de la montaña de Trevico la cual es bañada por el sol muchas horas diarias produciendo un suelo fértil y apto para el cultivo. La geografía también ofrece muchas maneras para defenderse de ataques como también tener acceso al valle cientos de metros debajo del pueblo donde corre el rio Fiumara. La combinación de estas variables permitió a la población establecerse y desarrollar una civilización miles de años atrás. Durante la década de los años 1980 el gobierno local inició una búsqueda sistemática del terreno con excavaciones arqueológicas. Los hallazgos y las evidencias establecieron que en la zona ya había gente viviendo en la ladera de la montaña unos 8.000 años atrás (Salvatore 1995, ix). Incluso, se encontraron fragmentos de cerámica con elaborados diseños de unos 6.000 años (Salvatore 1995, 3).

Los habitantes originales se dedicaban al cultivo de avena, centeno, trigo, olivos, viña, como también a la crianza de vacunos, ovejas, cabras, cerdos, y gallinas (Salvatore 1995, 5). La presencia de una civilización más organizada se encuentra alrededor de unos 4.000 años atrás cuando se descubrieron criptas conteniendo varios artefactos. Aparte de restos humanos, también hallaron herramientas de cultivo, espadas, escudos, cascos, y vasijas (Cambria 2003, 59 y Salvatore 1995, 5).

Cuando Romulea cayó en manos de los romanos, ésta fue parcialmente destruida. La población reconstruyó la ciudadela con el nombre latino de Carifii la que se convirtió en una parada de las tropas/legiones romanas cuando atravesaban Italia de la costa oeste viajando hacia la costa este en su expansión hacia Grecia. Hubo también hallazgos de muchos artefactos del periodo romano.

La larga historia de Carife abarca siglos y milenios. Después que los romanos se convirtieron al cristianismo, la población se hizo católica y devotos fervientes de Cristo. Entre principios del siglo once y gran parte del siglo doce, ya había cuatro iglesias en el pueblo que en ese entonces se consideraba una pequeña ciudad. La iglesia principal y que todavía perdura, fue dedicada a San Juan e incluía un colegio llamado Colegiata donde había 40 monjes y sacerdotes estudiando y viviendo en el recinto (Fabiano 1998, 7). Algunos trabajaban la tierra para producir el sustento mientras que otros preparaban escritos y mantenían los récords. A la vez que estudiaban, los monjes crearon muchos documentos; lamentablemente, muchos de esos documentos fueron destruidos por varios fuegos y terremotos a través de los años. De todos modos, pude obtener pedacitos de información de lo que todavía se encuentra. La iglesia principal, San Juan Bautista, aparece en algunos documentos del 1266 (Fabiano 1998, 7) como una institución dominante y activa. Durante los siguientes 700 años fueron construidas otras iglesias en diferentes barrios, pero al presente solo quedan dos en operación, San Juan y La Addolorata, más un convento.

Después del imperio romano, Italia estaba dividida en muchas secciones feudales, varias controladas por el Vaticano y otras por duques o señores regionales. El suelo fértil le facilitó a la población cultivos muy productivos que incluían el grano, trigo, legumbres, vegetales, olivas, uvas, y castañas. También desarrollaron la cría de animales como el vacuno, ovino, porcino, y muchas aves. La ladera de la montaña producía muchos pinos, castaños, y cipreses que se usaban para madera. Recuerdo que un tío de mi madre era un terrateniente que vestía con botas, capa, y sombrero todos de color negro. Sus tierras estaban a un kilómetro y medio del pueblo y se identificaban por la presencia de un enorme roble a pocos metros de la carretera; las casas estaban a unos cien metros del árbol.

Esa región fue testigo de muchas guerras y batallas entre varios monarcas. A principios del siglo 13 la casa real francesa de Anjou y la casa real española de Aragón tuvieron disputas porque ambas reclamaban control del reinado de Nápoles y las Dos Sicilias. En el siglo 15 la casa de Aragón consolidó el control y lo mantuvo hasta que en el siglo 18 la casa española de Borbón tomó las riendas. En el año 1861 Giuseppe Garibaldi formó la unificación de Italia bajo el reinado de un solo rey. Con esto, la monarquía española que controlaba una gran parte de Italia fue despachada.

Cuando llegué por primera vez a Nueva York a principios de los años 1970, tuve la oportunidad de visitar un museo dedicado a Garibaldi en Staten Island donde aprendí algunos detalles históricos. Este héroe italiano tenía una filosofía muy fuerte sobre el concepto de unificación. Una vez completada la unificación italiana, él viajó a los Estados Unidos con un ejército de mil soldados para unirse a las tropas de la Unión durante la guerra civil americana y participó en batallas. Su deseo era ayudar en la unificación de los Estados Unidos.

2

Los Primeros Años, Antes de Ser Emigrante

Desde los primeros recuerdos, mi madre fue una fuente continua de bienestar en mi vida. Ella era quien, desde el principio, me dio cariño, alimento, protección, y hacía todo lo posible para que me sintiera cómodo. Mi madre siempre estuvo allí para cuidar de sus hijos. Recuerdo su suave voz la cual brindaba una calmante tranquilidad cuando me metía en cama, me cubría con las mantas, y susurraba mensajes de cariño indicando que todo estaba bien. Ella se pasaba largas horas en su máquina de coser porque, después hacer vestidos para sus clientas, se ponía a cortar y coser ropa para sus hijos. Ella se dedicaba a hacer nuestras vestimentas para asegurarse que los niños estuviéramos bien cuidados y con ropa adecuada. También se preocupó por enseñarnos la diferencia entre el bien y el mal enfatizando que deberíamos ser buenos niños y portarnos bien.

A pesar de que ella solo tuvo une educación de escuela primaria, tenía pasión por la lectura; le encantaba leernos muchas historias y cuentos sentados juntos al fuego de la chimenea durante las frías noches invernales. Sus autores favoritos eran Julio Verne y Emilio Salgari con libros llenos de aventuras y viajes fantásticos. Siempre recuerdo la manera en que ella se preocupaba por nuestro bienestar y el cariño que mostraba hacia nosotros. Ella mantuvo muchas conversaciones y siempre se preocupó por mis sentimientos como también trató de ayudarme a compartir tanto las penas como las alegrías.

Cuando mi madre tenía 10 años, empezó su jornada para convertirse en costurera y modista. Apenas había terminado la escuela primaria cuando su madre la puso en un grupo de aprendices con una modista muy popular para que aprendiera esa carrera. Los primeros años fueron muy duros porque las niñas que estaban para aprender el arte de la costura en el taller eran tratadas como esclavas. Las chicas tenían que trabajar unas 10 horas diarias haciendo todo tipo de trabajo como lavar ropa, limpiar la casa y taller, hacer compras, cortar leña, o preparar de comer todo por el privilegio de aprender a coser. Mi madre sufrió muchos abusos físicos y psicológicos, tanto como de su maestra de costura como de su propia madre. Después de unos años, mi madre aprendió a ser una buena costurera y su tía Falucha la ayudó a conseguir su propia máquina de coser y hacer trabajos por su cuenta. Su tía fue un ángel guardián porque también la protegía de los abusos infligidos por su madre; aparentemente, la abuela sufría de muchos arranques de rabia en esos años.

Luego, cuando mi madre apenas había llegado a los 16 años y mi padre la empezó a cortejar, la abuela presionó con mucha insistencia a que mi madre aceptara matrimonio. Mi abuela era una madre soltera con tres hijas y se sentía vulnerable siendo una esposa abandonada y víctima de muchos chismes. Ella conectó muy bien con mi padre y siempre se llevaron bien. Parece que, al tener una hija casada, más la presencia de un hombre en la familia, le daría a mi abuela una cierta protección. La boda tuvo lugar el 16 de marzo del 1939 cuando mi madre tenía 16 años y nueve meses; mi padre 24 años y tres meses. Ese día el pueblo estaba cubierto con más de 30 centímetros de nieve.

Mi padre había hecho el servicio militar en 1934 sirviendo parte en un cuartel ubicado cerca la frontera con Eslovenia. Luego fue enviado a Somalia y también estuvo en Etiopía donde Mussolini había establecido colonias. Él nos contaba que sus largos meses en África fueron muy duros debido al terreno áspero, intenso calor, y millones de mosquitos. La base militar estaba rodeada por los habitantes locales quienes eran todos negros los cuales vivían en tremenda pobreza y en una existencia miserable. Mi padre se sintió muy mal al ver la triste existencia de esa gente. Debido a que mi padre tenía mucho vello por casi todo su cuerpo, en el cuartel le afeitaban todo su cuerpo para prevenir que los insectos se le enredaran en el vello y causaran picaduras con consecuencias nefastas.

Durante los años del 1930 y del 1940 mi padre admiraba mucho a Mussolini porque éste había construido casas y una escuela en nuestro pueblo. Debido a eso, el pueblo prosperó con el trabajo y un primo de mi padre obtuvo una de las casas nuevas porque la casa vieja fue destruida por un terremoto. Esos hechos hicieron que mi padre se enlistara como voluntario en la armada. Poco después de la boda, empezó la segunda guerra mundial y el batallón de mi padre fue enviado al norte de África; un poco más tarde lo desplazaron a Sicilia. Él era el soldado que cargaba el equipo de radio encima del armamento regular de soldado y tenía que andar cerca de los oficiales para mantener comunicación con el cuartel central.

Cuando las fuerzas aliadas desembarcaron en Sicilia y fueron tomando territorio, el pelotón de mi padre fue rodeado por las tropas británicas y los tomaron como prisioneros de guerra. Mi padre contó muchos abusos sufridos en manos de los ingleses quienes trataban a los prisioneros con insultos, maltratos físicos, y los tenían pasando hambre. Por suerte, en pocos meses el grupo de prisioneros en que estaba mi padre fue transferido a las fuerzas estadounidenses y con ellos el trato fue más humano porque les brindaron mejores condiciones y comida más apetecible. Mi padre recordaba con curiosidad como los soldados estadounidenses pasaban el tiempo jugando con una pelota pequeña que un jugador tiraba con la mano a otro mientras que otro jugador con un palo trataba de pegarle a la pelota antes de que fuera agarrada. A veces se pasaban horas jugando a eso y mi padre lo encontraba muy aburrido porque él estaba acostumbrado a jugar futbol. Estuvo como prisionero de guerra hasta que el gobierno militar italiano se rindió a las fuerzas aliadas y lo soltaron.

Después de la segunda guerra mundial el área de Carife y muchos pueblos en las montañas de nuestros alrededores se habían empobrecido debido a la falta de recursos y una economía devastada. Cuando mi padre regresó de la guerra buscó trabajo en la construcción. Sin embargo, tanto en Carife como en los pueblos cercanos no había trabajo y él tuvo que tomar trabajo en lugares que estaban bastante lejos. Mi padre se consiguió una bicicleta para poder trasladarse y acarrear sus herramientas de trabajo. A veces tenía que ir a trabajar a lugares bien lejos y andaban en un camión del contratista varios días en carreteras rotas. La gran mayoría de las casas no tenían agua corriente, plomería, ni baños o aseos. La gente dependía de las fuentes de agua públicas donde el agua llegaba por tubos en ciertas partes del pueblo y se llenaban vasijas para tener agua en casa. Para cocinar usaban el fuego de la chimenea, pero algunos y construían un fogón especial para cocinar y hornear.

La fuente de agua más cercana a nuestra casa estaba a unos 200 metros y mi madre tenía que caminar ese tramo acarreando agua más de una vez al día. La guerra había dejado muchos lugares de Italia en ruinas con puentes y carreteras destrozados, lugares públicos dañados por los bombardeos, edificios y casas derrumbados. Eso hacia el traslado de gente y las escasas mercaderías muy difícil. El país había sufrido una gran devastación la cual se veía y sentía por doquier.

En el 1946 mis padres ya tenían un hijo de cinco años y medio más una hija de unos tres años. Durante el verano mi padre estaba trabajando a unos 300 kilómetros de Carife. Mi madre estaba encinta de ocho meses con el tercero cuando un día muy caluroso fue a buscar agua en la fuente pública. Mientras volvía con una vasija llena, se resbaló y cayó. En la caída, mi madre se lastimó y empezó a tener labores de parto. Mi hermano Pablo que en esos momentos tenía 5 años y ocho meses de edad, corrió a buscar ayuda a lo mi abuela materna y ella vino corriendo con la comadrona para ayudar a mi madre a traerme a este mundo un cuatro de julio. Yo estaba supuesto a nacer a fines de julio o principios de agosto y mi padre estaba todavía trabajando bien lejos. El me conoció tres semanas más tarde cuando pudo llegar a casa después de un arduo camino.

La primera memoria que tengo de mi padre es su cara redonda, jovial, y quemada por el sol siempre llena con una sonrisa. Cuando estaba en casa, él se vía contento y alegre porque disfrutaba de su familia mientras descansaba unos días de su trabajo el cual era duro y pesado. Durante mi infancia, mi padre trabajó mucho en construcción reconstruyendo rutas, carreteras, calles, veredas, y casas dañadas durante la guerra. El anduvo por muchas partes de Italia y trataba de agarrar cualquier trabajo que se le ofreciera debido a la escasez. Me imagino que fueron años muy duros para todos.

Mi padre venía a casa por unos días para descansar y estar unos días con la familia cuando le tocaban trabajos lejos. Recuerdo como la casa se llenaba de energía cuando él llegaba y yo me ponía a saltar y cantar "que alegría, que lindo, papá está en casa." Su trabajo de construcción era, por la mayor parte al aire libre y su cutis olivastro del mediterráneo le daba la apariencia de una piel oscura bronceada por el sol y, por lo cual, la mantuvo por muchos años. Los recuerdos que tengo de las interacciones con mi padre en mi niñez eran, en su gran mayoría, momentos llenos de alegría y diversión.

Una de sus actividades favoritas era la de sentarme en sus piernas y ponerse a mover las rodillas de arriba abajo jugando caballito. Esos movimientos me daban la sensación de andar montado y me hacían reír mucho; aparte de eso, el hacía sonidos come si fuera un caballo con relinchos y todo lo cual me hacía gozar tanto que largaba grandes carcajadas. Esta experiencia la recuerdo de cuando yo tenía entre tres y cuatro años, pero mis padres me contaron que mi padre se dedicó a jugar de esa manera desde que yo tenía un año. Creo que la memoria es fuerte debido a que la actividad fue mantenida por varios años. Recuerdo que mi padre disfrutaba tanto al verme gozar de forma excitada largando risas y carcajadas. Me encantaba sentir el movimiento de cabalgar un caballo. Otra cosa que recuerdo eran sus manos rudas de tanto trabajar con ladrillos que me sujetaban con firmeza lo cual me hacía sentir una sensación de protección y seguridad.

La otra actividad que recuerdo muy vivamente era cuando él me sentaba en el caño de su bicicleta y me llevaba a dar algunas vueltas. Mi padre tenía un bicicleta vieja y golpeada por tanto uso que le servía como transporte para ir a trabajar. Recuerdo la experiencia con regocijo y como el viento dándome en la cara me excitaba y al mismo tiempo podía absorber el olor de su cuerpo y el algodón de su camisa que me daban cosquillas en la nariz. También recuerdo como los frentes de las casas por la cuadra donde vivíamos empezaban a cambiar mientras avanzamos con la bicicleta y al acelerar parecía que todo se convertía en una imagen borrosa ante mis ojos. Esa actividad era excitante porque, siendo un niño de cuatro años, la velocidad me hacía sentir que andaba en una montaña rusa.

Algunos de los viajes que mi padre hacía para ir a trabajar requerían uno o dos días y él se quedaba en el trabajo varios días y a veces semanas antes de regresar a casa. Cuando él llegaba, se quedaba algunos días antes de tomar camino de vuelta para retomar su trabajo. Recuerdo que cuando él llegaba a casa era un evento muy celebrado por todos porque "papá está en casa" era la frase que gritábamos con alegría y excitación.

Entre esas actividades que me daban alegría, también recuerdo largas caminatas que junto a mi padre tomamos hacia el bosque más cercano donde buscábamos leña. En casa no teníamos una cocina para preparar comida y había que usar el fogón para cocinar. A unos 500 metros de la casa estaba el borde del pueblo y empezaba la vegetación. Entre los arboles había arbustos que cuando secaban era usados para hacer el fuego junto a trozos de leña. Mientras juntábamos leña y palitos, buscábamos hongos y los poníamos en una bolsa de tela que mi madre había preparado. Mi padre me enseñaba como elegir los hongos buenos para comer y como seleccionar las ramas secas para después romperlas de manera que hacíamos varios fajos para llevar a casa.

Una vez que teníamos suficiente leña y los fajos estaban listos, nos asegurábamos de juntar los hongos necesarios para cocinar. En el área también se dan moras de varios colores como rojas, negras, y moradas mescladas con ciertos arbustos que dan unas flores con un amarillo brillante y que siempre me fascinaron. Recuerdo los olores del bosque rodeándome como la madera y hojas de los árboles, el olor de frutas, el olor perfumado de las flores, y el canto de los pájaros volando en nuestro alrededor y entre las ramas de los árboles. Desde ese entonces, siempre asocié esos olores y sonidos con la naturaleza. Una vez completada nuestra expedición, lentamente caminamos hacia casa cargando los fajos, la bolsa con los hongos y algunas moras. Recuerdo mi alegría durante el camino de regreso cuando le preguntaba a mi padre "¿te parece que mamá se pondrá contenta con toda esta leña?" "¿va a usar los hongos para hacernos una tortilla?" Siempre me gustaron las tortillas de hongos como también la de zapallitos o de ajíes rojos y dulce secados al sol lo cual les daba un sabor que, para mí, era exquisito.

Otro recuerdo de ese período, alrededor de los cuatro años, cuando a veces nos juntábamos a jugar enfrente de la casa de un primo de mi padre en la sección llamada Le Casette. Allí la calle era ancha y llana lo cual permitía muchas actividades. Sin embargo, justo enfrente había una sección elevada con una terraza a la cual se llegaba subiendo unos peldaños de piedra. Muchas veces subíamos para sentir la elevación y nos poníamos a correr unos detrás de otros. La terraza no tenía borde ni protección y en una de esas corridas me arrimé mucho al borde y me caí a la calle. La altura parecía enorme y el impacto de la caída me asustó tanto que por un momento perdí el conocimiento. Recuerdo muchos gritos y de golpe me sentí en los brazos de mi padre quien me tenía agarrado bien fuerte mientras me llevaba corriendo a casa. Al vernos, mi madre primero me revisó y limpió para después regañar a mi padre por dejar que jugara de manera tan descuidada.

Cuando tenía unos cuatro años y medio mi padre se fue para ir a trabajar a un país lejano llamado Argentina. Mi abuelo materno se había establecido allí y ayudó a mi padre. Recuerdo lo duro y difícil que fue para todos nosotros adaptarnos a la situación pensando que nuestro padre estaba muy lejos y no vendría a pasar unos días de descanso como antes. Mi madre, quien fue siempre muy cuidadosa y nos apoyaba con cariño, se puso menos flexible y más disciplinaria.

En particular, recuerdo que Pablo a la edad de 10 años se había vuelto muy rebelde, no le hacía caso a nuestra madre, se negaba y se escapaba de casa quedándose afuera por muchas horas. Esos actos causaron muchos disgustos. Por suerte, el primo de mi madre (Zizi) vivía a una cuadra y se convirtió como un padre para nosotros. El trató de ayudar en el manejo del comportamiento de mi hermano y en esos esfuerzos los dos se apegaron mucho. Zizi tenía mucho talento musical y le inspiró a Pablo un gran interés en la música. Ellos se juntaban para tocar guitarra y cantar canciones folklóricas. Como el padre de Zizi tenía una banda de músicos, mi hermano empezó a tocar los tambores y lo pusieron a que tocara la batería cuando tenían algunas funciones. Esto ayudó a mi hermano y mantuvo una relación especial con Zizi durante toda la vida. El apoyo de la familia permitió que pudiéramos sobrevivir esos años hasta que nos reunimos con nuestro padre en Argentina.

Otro episodio que recuerdo del periodo en que esperábamos para emigrar fue un incidente cuando dos chicos del barrio con una hermana de ellos que era más grande de nosotros empezaron a burlarse tanto de mí, como de mi hermanito. Yo tenía unos seis años y mi hermano unos tres mientras que los otros chicos eran casi de nuestra edad, la hermana tendría unos once años. Nos insultaron diciendo "ustedes no son varones ni machos porque se ven estúpidos y afeminados con esa ropa que vuestra madre le hace" yo me enojé y les contesté "ustedes son unos envidiosos porque nosotros vestimos con buena ropa mientras que ustedes andan roñosos y con ropa gastada."

No les cayó bien y empezaron a pegarnos; yo les pegué bien duro y la hermana se metió con furia a defenderlos con puños y patadas. El griterío atrajo a mi hermana que tendría unos diez años y entre los tres les dimos bien duro. Se fueron a la casa llorando y entonces la madre de ellos vino corriendo hacia nosotros y le pegó una cachetada a mi hermana. Emma agarró una rama que estaba cerca y le empezó a dar una golpiza a la señora quien se quedó sorprendida por la acción y los golpes. Se alejó de mi hermana y llamó a nuestra madre quien, al entender lo que había sucedido le dijo a la señora "tienes suerte que mi hija fue quien te agarró, si hubiera visto que estabas pegándole a mis hijos yo te hubiera dado una lección mucho más grande." Y para finalizar, mi madre le dijo "bien merecido te está por pegarle a los chicos."

Hubo otras situaciones parecidas con otros vecinos que para entonces se habían puesto bastante envidiosos. En un pueblo pequeño nuestro vecindario era chiquito y todo el mundo se enteraba de los asuntos de otros; por un lado, uno se sentía rodeado de gente muy apegada, sin embargo, siempre había algunos que tenían malos deseos. Mi madre y abuela se pusieron muy proteccionistas con los chicos una vez que mi padre empezó a mandarnos dinero porque notaron que los envidiosos se ponían más hostil con nosotros. Varios vecinos se alegraban por nosotros a medida que nos preparábamos para emigrar a Argentina. Lamentablemente, también hubo otros vecinos que resentían el hecho de que saldríamos del pueblo el cual se había quedado empobrecido durante esos años.

Recuerdo que mi hermano mayor no tuvo los inconvenientes como los más pequeños. Debido a su mal comportamiento en casa, los vecinos más próximos a nuestra casa sabían de su temperamento y conducta. Poco a poco, Pablo se hizo una reputación en el barrio conocido como "el chico terrible" donde actuaba bien rudamente y los otros chicos, como algunos adultos, mantenían su distancia. Los chicos y jovencitos del barrio le tenían miedo lo cual hacía que mostraran respecto hacia él porqué, en muchas situaciones él era quien repartía golpes y palizas. A pesar de que mi madre no estaba contenta con su comportamiento, se sentía alegre y, diría que, casi orgullosa, por el respeto que se había ganado para él mismo y a la vez, también para su familia.

3

El Viaje…Como Uno Se Convierte en Emigrante

El primer día que, por vez primera en mi vida, puse pies en un buque transatlántico empezó temprano una mañana soleada en el otoño del 1953. Ese día fue la culminación de muchos meses que viví con gran anticipación. En ese entonces, tenía siete años y estaba viajando con mi madre, Vincenza de 31 años, mi hermano Pietro Paolo-Pablo de 13 años, mi hermana Emma de 10 años, y mi hermano Guerino de cuatro años.

Mi padre había emigrado de Italia a Argentina en el año 1950 con ayuda de mi abuelo materno quien se había establecido allí a fines de los 1930. Estábamos en camino para reunirnos. El proceso para embarcarnos fue largo y tuvimos que pasar varios días cerca del puerto en un edificio viejo construido de ladrillos pero que parecía un galpón abandonado. La estructura tenía ventanas enormes con vidrios tan llenos de mugre que los rayos de sol tenían que pelearse entre ellos para ver quien alcanzaba a penetrar entre las grietas de la suciedad y enviar un poco de luz solar al interior. El lugar era enorme y había muchos catres donde la gente podía dormir.

Sin embargo, en ese ambiente uno se sentía muy poco seguro y el dormir fue difícil a pesar de que mi madre se quedada bien juntita a nosotros. Luego noté que ese lugar era como un grupo de barracas cerca del puerto donde ponían a las familias que emigraban y esperaban el proceso de los documentos. Finalmente, un mañana apenas salió el sol, nuestro grupo fue trasladado al muelle en unos viejos autobuses los que olían como aceite quemado. Al moverse, esos buses hacían un ruido que era muy desagradable, temblaban y sonaban como chatarra, y se sacudían aparatosamente en cada frenada. Fue un alivio llegar al muelle donde nos pusieron a esperar en otra barraca sobre el propio muelle.

Mientras sentí una gran impaciencia para embarcarnos y subir al barco, de repente empecé a llenarme de tristeza pensando en la familia y los amigos que dejé en el pueblo. Esa sensación formó una mezcla de sentimientos que incluían amargura y felicidad y se apoderó de mi por un largo rato. Había escuchado tantas historias acerca del nuevo mundo que incluían muchas descripciones de Argentina. Se decía que era un país enorme con muchos espacios llanos y abiertos donde se podía ver el horizonte con miles de vacas y caballos pastando a sus anchas y en libertad.

Esta imagen la fui comparando con las casas de piedra, las callejuelas estrechas de adoquín, y el terreno montañoso del pueblo lo cual produjo una ola de fantasías. Me imaginé montado sobre un bello caballo cabalgando entre las vacas mientras comían y masticaban su pasto de un verde brillante. En las cartas que mi padre nos enviaba, hablaba de campos llenos de pasto que se extendían por kilómetros que la gente llamaba las pampas. Todos esos pensamientos acerca del nuevo mundo me llenaron el corazón de ansia y entusiasmo creando bellas expectativas.

La gente fue formando largas filas dentro de las barracas esperando subir a bordo. El proceso era bastante lento y empecé a sentir impaciencia la que se manifestó con una inquietud que me impulsaba a caminar. Miré a mi hermanito y noté que él también se veía inquieto.

Nos pusimos a reír, retorcer nuestros cuerpos, y a galopar en círculos con relinchos. Mi madre se molestó mucho con ese comportamiento y nos agarró de los brazos al mismo tiempo nos gritó de parar. Yo me sorprendí por su acción y le dije "pero mamá, allá hay otros chicos aburridos haciendo lo mismo y sus madres no dicen nada." Sin embargo, con una expresión muy firme mi madre me dijo "yo no quiero nada de eso y se acabó."

Como ella tenía que sacar los documentos de un sobre para verificar antes de subir a bordo, asignó la tarea de controlar a los dos más pequeños a los más grandes. Tanto mi hermana como mi hermano se quejaron y refunfuñando exclamaron "si no paran les vamos a pegar." Al ver que nuestra madre aprobó esa acción por parte de ellos, paramos.

Poco a poco salimos de la barraca y nos vimos sobre el muelle al frente de un gigantesco barco pintado de negro y con la parte de arriba toda de blanco. Sentí el olor fuerte de pintura combinado con un olor que luego aprendí era de aguarrás; esos dos olores me dieron nausea. Había una larga rampa con barandilla que unía el muelle y el buque que parecía un puente colgante. Noté que mientras la gente iba subiendo, esa bendita rampa se sacudía y balanceaba de una manera que me hizo pensar que se iba a romper en cualquier momento. Cuando llegó nuestro turno de poner pies en esa rampa, sentí miedo y fui subiendo cautelosamente pegado a mi madre de un lado mientras que del otro lado mi hermanito hacia lo mismo. Fue un gran alivio terminar la subida y entrar al barco.

Recuerdo que una vez a bordo, sentí como unas vibraciones y movimientos bajo mis pies y me empecé a preocupar. Hasta ese momento en mi vida, lo único que había hecho fue caminar sobre terreno sólido y no tenía otra experiencia. Las sacudidas y temblores de la rampa, ese extraño movimiento bajo mis pies, el olor de la pintura con aguarrás, y varios olores marinos de salitre y peces me causaron pavor. La mezcla de los olores y los movimientos atacaron mi estómago de manera tal que estuve a punto de tener una explosión de vomito. Miré tanto a mi madre como a mis hermanos y noté que ellos tenían las caras pálidas por lo cual pensé que ellos también estaban sintiendo nausea.

Una vez a bordo y mis pies sintieron unas vibraciones y movimientos, todo el entusiasmo que hubo antes de abordar se convirtió en miedo y preocupación. A pesar de que la nave era una gigantesca estructura de metal, yo la sentí inestable y peligrosa. El buque estaba atracado al muelle con unas sogas enormes y parecía estar quieto; sin embargo, no pude dejar de sentir el movimiento vibratorio bajo mis pies. Era un niño de siete años muy asustado con todas esas cosas.

Una vez que la documentación fue verificada después de subir a bordo, uno de los marineros nos llevó por varios pasillos todos pintados de blanco y bajamos unas escaleras estrechas para llegar a nuestra cabina. Cuando quedamos allí por un rato, me sentí encajonado en un recinto metálico. Mi madre se sintió afectada tanto como los chicos y rápidamente arregló las maletas para así subir al aire libre.

Apenas respiramos el aire fresco, parte de la náusea se disipó. Estando en cubierta todos nos sentimos mejor y mi madre nos dejó caminar y explorar varias áreas. Incluso encontramos un lugar en el cual algunos niños corrían y jugaban donde mi hermanito y yo nos juntamos para correr por un rato. Había ciertas áreas donde podíamos ver la ciudad y empezamos a buscar mejores vistas. Al llegar a la proa del barco, la cual parecía bastante elevada, pudimos ver mucho mejor los edificios de la ciudad y los chicos nos dimos ánimos mientras admirábamos el panorama.

Después del entusiasmo inicial de sentir el aire fresco y el sol, me puse a charlar con otros chicos acerca del viaje que estábamos por emprender y a donde nos llevaría. Un niño flaco y alto se puso a explicar que una vez llegados en medio del océano, "con suerte podríamos ver ballenas, sirenas, o monstruos marinos porque a ellos les gusta nadar alrededor de los barcos."

Los demás chicos nos quedamos perplejos con esos detalles y nadie se atrevió a decir algo. Una chica que tenía un vestido con flores de muchos colores y el cabello estirado y sujetado con una cinta roja contó que "el barco va a parar en muchos lugares exóticos donde hay mucha gente extraña y animales raros." Cuando le preguntamos cómo sabía de estas cosas ella nos dijo "mi mamá me mostró muchas fotos en unos libros que ella tiene." Muchos de esos niños, al igual que yo, estaban viajando para reunirse con sus papás. Ese conocimiento creó como un lazo entre nosotros y nos hizo sentir que estábamos por compartir una aventura especial.

Después de un rato jugando en cubierta, relajándonos, y disfrutando del aire fresco del otoño empecé a notar que los edificios de la ciudad parecían moverse. Le pregunté a Pablo "¿come es posible que los edificios se están moviendo?" De una manera condescendiente y una mirada que parecía decir "vos estás chiflado" él me dijo "no seas tonto, los edificios no se mueven, lo que se mueve es el barco."

Yo me quedé confundido porque pude ver las gigantes sogas que tenían al barco sujetado al muelle. De todos modos, no dije nada porque no quería que mi hermano me llamara tonto. Nos pusimos a caminar por la cubierta y nos paramos en la proa donde teníamos las mejores vistas. Desde allí pudimos ver algunas de las calles en donde había algunos coches y tranvías circulando como también vimos gente caminando. Los ruidos de las calles llenaban el aire y el espectáculo fue intensificado debido a que era como mirar un cuadro al vivo. Lamentablemente, en la proa sentí con más fuerza la sensación de movimiento y noté que los edificios parecían moverse. Entonces recordé lo que dijo Pablo y me tranquilicé.

La desconcertante sensación de movimiento bajo mis pies empezó a disminuir poco a poco a medida que pasaba el tiempo abordo. Después de explorar muchos lugares en el barco, nos indicaron de ir al comedor. Lo primero que noté, aparte del olor a comida, fue que las mesas y los bancos (en vez de sillas) estaban como pegados al piso, y que eran de metal. Hasta ese momento, lo único que sabía era que las mesas y sillas eran echas de madera.

Lleno de curiosidad, me puse a preguntarle a los muchachos que servían la comida acerca de las mesas y sillas. Al principio, ignoraron mis preguntas y el enfoque se concentró en la comida. Entonces, me fijé que nos estaban sirviendo como señores ya que empezaron con platitos de jamón y queso, después trajeron platos con fideos y pedazos de carne de res, y más tarde frutas. El olor que me llamó la atención fue el de la carne porque en el pueblo la carne de vaca era muy rara y escaza; no teníamos el lujo de comer tan variado y menos aún con pedazos de carne. Por lo general, comíamos muchos vegetales, verduras, y legumbres que la gente cultivaba en los campitos. Mi abuela, junto a su hermana, hacían pan en su propio horno de ladrillos usando leña y las vecinas usaban ese horno para hornear su propio pan que era preparado fresco todas las mañanas. La memoria se me llenó con el aroma del pan fresco que, para mí siempre fue muy rico, pero de golpe se interrumpió el recuerdo con la llegada de nuevos olores traídos por el café y bizcochitos que sirvieron después de la comida. En esos momentos sentí que habíamos tenido un manjar de reyes.

Cuando la gente terminó de comer y los muchachos que atendían empezaron a limpiar las mesas, aproveché para preguntar de nuevo sobre las mesas y bancos pegados al suelo. Uno de ellos tuvo la gentileza de escucharme y me explicó "los barcos necesitan tener las mesas y bancos soldados al piso porque cuando están en alta mar la fuerza de las olas los hacen mover, sacudir, o tambalear de un lado a otro." Al ver la expresión de sorpresa y miedo en mi cara, él añadió detalles diciendo que "durante ciertas tormentas el barco se tambalea de tal manera que si las mesas y bancos no estuvieran aferrados al piso estarían volando por todos lados." La imagen de las mesas volando por todo el comedor me hizo desear no haber preguntado por esa información. De golpe sentí un malestar muy profundo dentro de mí, y fui invadido por una sensación de miedo que como una ola sacudió mi cuerpo.

Después de la comida la gente empezó a juntarse en cubierta porque el barco estaba a punto de partir. Un espantoso ruido salió como un trueno de una enorme corneta en la parte alta del barco a un costado de la chimenea. Fue el anuncio para indicar que el barco se despegaba del muelle y emprendía la travesía. A medida que la nave se movía, nos fuimos agarrando uno a otro hasta poner manos en la barandilla. Una extraña aprehensión comenzó a encaramarse de pies a cabeza con sensaciones que no eran familiares ni agradables a medida que el buque se fue separando del muelle. Sentí que al dejar tierra firme estaba entrando en un mundo el cual podría traer peligros desconocidos. Esas sensaciones e ideas no me dejaron disfrutar de las bellísimas vistas panorámicas que la ciudad de Napoli nos ofrecía. Tampoco alcancé a escuchar bien los saludos y comentarios de la gente despidiéndose de los que estaban en el muelle.

Gradualmente, la ciudad fue disminuyendo a medida que la distancia entre el barco y la tierra se iba agrandando. A pesar de sentirme como entre las nubes, escuché a Pablo decir que había un lugar donde los chicos podían jugar y divertirse lo que me distrajo y nos fuimos a ver cómo era el centro de juegos. Cuando llegamos quedamos con la boca abierta al ver una mesa de billar, mesas para jugar metegol o futbolín, unas mesitas chicas para los niños, y varios juguetes. Una de las cosas que más me impresionó fue un camión echo de madera sólida y bien grandote.

El descubrimiento del centro de juegos fue una experiencia muy agradable. El estar allí envuelto en los juegos causó una excitación tal que no pensé en el mar y el barco moviéndose ya que parecía deslizarse suavemente. Jugando con mis hermanos fuimos probando varios juguetes; sin embargo, el que se quedó más grabado fue el enorme camión de madera sólida y pintado de rojo. Me senté en el suelo para inspeccionarlo junto a mi hermanito y exclamé con alegría "fíjate lo sólido y fuerte que es." Al escuchar mi comentario él agarró el camión y lo golpeó varias veces contra el suelo para ver si era cierto. Al confirmar que podía aguatar golpes, empezamos a empujarlo para que rodara lo más lejos posible haciéndolo chocar con una pared. Quedamos asombrados con el camión. Al rato me di cuenta de que la aprehensión se estaba disipando y me sentí aliviado.

La travesía de Italia a Argentina fue lenta y larga ya que duró casi un mes con el barco haciendo unas cuantas paradas en su itinerario. Después de salir de Napoli, paramos en Génova donde estuvimos un día para procesar y subir pasajeros y carga. La segunda parada fue en Marsella, Francia por medio día y después en Barcelona, España también por medio día. Después de esas paradas en el mediterráneo con un mar bastante sereno, el barco se fue aproximando al estrecho de Gibraltar. Una vez que cruzamos el estrecho, el agua cambió de color de un celeste azulado a un gris verdoso al entrar en el Océano Atlántico donde las aguas estaban muy picadas y había fuertes vientos. Aquí empecé a sentir la fuerza de los mares cuando el barco se tambaleaba y noté que la proa parecía hundirse para luego dar como un salto para arriba. Al principio nos dio miedo, pero despacito nos fuimos acostumbrando y muchas veces nos juntamos con otros chicos para sentir el viento y las fuerzas del océano.

El primer puerto en el Atlántico fue Lisboa, Portugal donde el barco estuvo casi todo el día. Después el barco se encaminó hacia el sur combatiendo los fuertes vientos y grandes oleajes. Algunos días el barco se sacudía tanto que no podíamos disfrutar los juegos o las comidas. Llegamos a Dakar, Senegal en el continente africano, donde la parada fue de dos días y una noche. Esto permitió a muchos pasajeros ir a tierra y recorrer la ciudad. En ese momento de mi vida, yo era un niño de siete años que nunca había visto gente de otra raza. Recuerdo que la ciudad parecía muy extraña porque, la gente que andaba por las calles era de raza negra y hablaban un idioma que no entendía. Me acordé de mi padre porque, cuando era soldado, había estado en Somalia y Etiopia, en el continente africano donde pasó meses relacionándose con gente de raza negra.

Mi padre nos contó que había mucha pobreza, pero por lo general la gente era amable y cuando sonreían se le veían los dientes siempre muy blancos. Como él era muy peludo por todo el cuerpo, en la base militar le afeitaban todo el cuerpo para evitar que los bichos o insectos se le enredaran y picaran. Él nos dijo que en esos lugares hacía mucho calor y había mosquitos gigantescos. A pesar de que habíamos escuchado historias del pueblo africano, nunca estuve cara a cara hasta llegar a Dakar. Cuando bajamos del barco nos juntamos con otras tres familias y exploramos la zona portuaria. Encontramos algunas personas que amigablemente nos explicaron en un italiano medio raro que había tranvías para llegar al centro. Encontramos las vías y una parada donde tomamos el tranvía con el grupo de gente del barco. El tranvía se movía con lentitud haciendo sonidos metálicos como chirridos que me penetraron en los oídos causando mucho dolor. Llegados al centro, nos bajamos con alivio y nos pusimos a caminar por una avenida larga y ancha donde había muchos negocios y algunos restaurantes.

Me acuerdo de que nos paramos en una vitrina de un negocio que vendía camas donde tenían varias en exposición. La cama que estaba cerca de la vitrina tenía un muñeco que parecía un hombre durmiendo tapado con sábanas y con un pie destapado. Notamos que había un moscardón volando por arriba de la cama y cada vez que se paraba en el dedo gordo, el pie se movía para espantar al moscardón. Pasamos un buen rato observando la acción hasta que nos dimos cuenta de que el moscardón era artificial y estaba conectado en el cielorraso con un hilo finito muy difícil de ver. Todos nos maravillamos con la tecnología usada en crear que el moscardón se parara en el dedo y el pie reaccionara para espantarlo. Ninguna de las personas en el grupo había visto algo parecido.

El grupo, formado por cuatro madres y doce chicos entre los cuatro y quince años siguió explorando el centro hasta que alguien sugirió de buscar algo de comer. Encontramos un lugar con patio abierto, juntamos algunas mesas y tratamos de entender que se podía pedir. Muchas de las cosas no sabíamos que eran, pero vimos algo que eran pedazos de pollo y pescado fritos con papas y todos comimos lo mismo ya que era comida conocida. Tenían un sabor familiar a la comida del barco y sabían bastante bien. Para beber probamos jugos de frutas extrañas, estaban ricos y yo los disfruté. Después de comer continuamos caminando por un rato hasta que buscamos la parada del tranvía para regresar al puerto. Estaba por atardecer y todos querían estar a bordo para descansar y cenar en un lugar familiar.

Al finalizar nuestra aventura en África, el barco tomó rumbo al oeste para entonces cruzar el Atlántico. Al poco tiempo de entrar en mar abierto, nos enfrentamos con vientos bien fuertes y oleajes tremendos. En ciertas ocasiones las olas parecían calmarse y aprovechamos el sol en cubierta como también el centro de juegos. Sin embargo, había ciertos días que el viento y las olas hacían que el barco se moviera como un barrilete sin cola y nos pasamos el tiempo recostados y vomitando. La travesía duró unos días que parecían interminables. Con mucha alegría tocamos tierra en el puerto de Santos, en Brasil donde estuvimos un día y medio. Aquí encontramos gente de raza negra como también muchos europeos.

Por las calles de Santos había mucha gente hablando en voz alta y escuché un idioma diferente pero que a la vez era muy parecido al nuestro. También se escuchaba música tocando con volumen alto y mucho ritmo que salía de varios lugares causando una sensación como de fiesta. Pudimos comunicarnos mejor y paseamos mucho. Recuerdo que cuando salíamos del puerto había muchas bolsas de café apiladas y que el olor del café llenaba el aire. Ese olor me agradó ya que para mí era bien conocido.

Nos pasamos un día mirando vitrinas y paseando. Recuerdo que por las calles había un olor de café emanando de los bares y cafeterías que me parecía delicioso. Encontramos muchos vendedores ambulantes que trataban de que la gente les comprara sus productos. Nos paramos en una especie de kiosco donde vendían refrescos y nos llamó la atención una pila de cañas verdes. Nos dijeron que eran para hacer jugo y nos mostraron como metían las cañas en una máquina para extraer el jugo el cual era espeso y verde. Mis hermanos y yo tomamos un vaso de ese jugo que era como beber azúcar líquido y dulce, estaba delicioso.

Seguimos explorando y encontramos un área donde había plantas de un verde intenso que no había visto antes como también palmeras. La gente se refería al lugar como plaza y en un sector había chicos jugando al futbol con algunos adultos dándole ánimos e instrucciones. En otro sector de la plaza había mesas y bancos de madera al lado de unos fogones donde estaban asando carne. La gente estaba como de picnic tocando música bien alta.

El olor de la carne asándose era tan fuerte que sentí como una explosión en la boca producida por las glándulas salivares que se habían acelerado causándome un intenso apetito y antojo por esa carne. Hasta el día de hoy el olor de carne asada sobre un fuego abierto me causa una reacción salivar acelerada con intensos deseos de comerme un pedazo. Encontramos un puesto donde pudimos comer algunos pedazos de carne la cual era jugosa con un sabor fascinante. Disfruté tanto ese manjar que me lamí los labios muchas veces mientras saboreaba esa carne. Pienso que esa experiencia fue el inicio de mi adicción a la carne de res asada. Después del festín, nos encaminamos hacia el puerto para regresar al barco y prepararnos a partir hacia Buenos Aires, nuestra última parada.

4

La Llegada al Nuevo Mundo, Hogar, y Ambiente

Saliendo de Santos, en unos días llegamos en un área donde las aguas fueron cambiando de un color verdoso gris-azulado a un marrón claro mientras nos acercamos a Argentina. A medida que el agua se fue poniendo marrón, algunos chicos empezaron a decir que el nuevo país era tan rico que en vez de agua de mar tenían chocolate. Otros chicos los miraron estupefactos y exclamaron "ustedes están locos ¿de dónde van a sacar tanto chocolate?" Se formó una tremenda discusión y algarabía sobre ese tema hasta que, en el momento que el sol empezó a bajar el color del agua fue cambiando de marrón a un gris brillante como si fuera plata. Todos quedamos maravillados con esa vista.

Uno de los marineros que estaban cerca escuchó la discusión y decidió informarnos que el barco estaba entrando en el Rio de la Plata. Nos contó que "los primeros españoles que llegaron en esta zona le dieron ese nombre porque al ver el color de las aguas creyeron que habían llegado a la tierra donde había mucha plata."

El relator continuó explicando que el color marrón de las aguas es debido a los sedimentos arrastrados por la corriente donde la tierra tiene esos colores cerca de la Selva de Amazonia. Cuando el sol brilla sobre el agua los sedimentos parecen plateados y cambian el color del agua. El mayor contributario del Rio de la Plata es el Rio Paraná el cual recoge las aguas de las Cataratas del Iguazú. Todos nos quedamos maravillados con la idea de tierras lejanas y llenas de cosas tan exóticas y fascinantes.

A la mañana siguiente todo el mundo se levantó bien temprano porque la travesía llegaba a su fin y queríamos ver el nuevo país. A medida que el barco se aproximaba a Buenos Aires, empezamos a ver en el horizonte el perfil de los edificios más altos. Gradualmente, el perfil de la ciudad se fue agrandando hasta que muchos edificios se vieron con claridad. Pudimos comprobar que todo el horizonte era un inmenso territorio de tierras planas donde los edificios era lo único que sobresalía. El día era soleado con un cielo celeste y un calor tremendo ¿en el mes de diciembre? para nosotros ese era un mes de invierno, pero acá era verano. Cuando el barco llegó a la dársena todo el mundo estaba en cubierta para tratar de ver a sus familiares esperando en el muelle. Había mucha ansiedad y expectativa para ver a papá y reunirnos con él.

El proceso fue lento y tedioso porque teníamos que hacer fila para pasar por la aduana. La ansiedad por ver a nuestro padre hizo el proceso interminable. Cuando finalmente pasamos y vi a mi padre salí corriendo gritando "papá, papá te extrañé muchísimo" lo abracé fuerte y me colgué de su cuello con un gran apretón. Todos estábamos muy contentos por el reencuentro. Sin embargo, Guerino se quedó pegado a mi madre receloso y con un poco de miedo porque para él ese hombre era un extraño ya que no lo conocía. Cuando mi padre viajó el chico no tenía ni un año.

Mi padre estaba esperando con el abuelo y la hermana de mi madre, María. Aparte de las valijas, también traíamos un baúl grande que estaba con la carga y yo me pregunté ¿Cómo vamos a llevar todo eso? Mi padre pareció leerme el pensamiento y dijo que había contratado un vecino con camión para llevar todo y a todos a nuestra nueva casa.

El viaje en el camión fue ruidoso, con sacudidas, y varios saltos, pero me pareció estar en un sueño mientras atravesamos la zona portuaria, otra parte de lo que pensé era el centro de la ciudad, cruzamos por un puente sobre un rio de aguas negras y malolientes, y salimos de la ciudad en busca de la tierra prometida que pronto aprendimos a llamar Ezpeleta.

Saliendo de la ciudad los edificios cambiaron de apariencia y se veían como casas anchas de una planta con techos chatos que ya no estaban pegadas unas de otras. Había muchos árboles a lo largo del camino y noté que gradualmente las casas aparecían cada vez más separadas. El terreno era una gran planicie que cada vez más parecía extenderse mientras que las casas se alejaban una de otra. En ciertas partes el terreno se veía muy ancho y chato de manera que uno podía ver el horizonte, algo que nunca había presenciado. Mi tía nos explicó que la tierra llana se expandía por muchos kilómetros y la conocían como Las Pampas que era la tierra de los indios pampas. A veces aparecían árboles y arbustos entre las casas y en las áreas despejadas se veían caballos y vacas pastando en los campos. Me pareció que la expansión de tierra era de nunca acabar. Noté que en ciertas áreas casi no se veían árboles, pero los pastos eran muy altos. De pronto la carretera dejó de ser asfaltada y entramos en un camino de tierra donde el camión andaba a los saltos, se tambaleada, y levantaba bastante polvareda. Sobre varios caminos de tierra llegamos a nuestra casa.

Mi familia se estableció en una casa formada por dos secciones. Una era de madera pintada de verde con techo de zinc que tenía cuatro dormitorios y un porche. La otra era de ladrillos cubiertos de estuco pintada de blanco que formaban un baño que parecía bastante grande con inodoro, ducha y una pileta para lavarse las manos y cara. En una entrada separada había una habitación grandísima que era la cocina y comedor. Yo quedé muy impresionado porque la habitación era grande con una cocina/estufa de metal que tenía un horno que funcionaba con un tanque de gas con la que se podía cocinar y hornear. También había una heladera que en esos tiempos funcionaba con una barra de hielo que un camión, pasando por el barrio, vendía diariamente. En una pared había un armario que hacía parte de la alacena con mostrador y una pileta/fregadero para lavar los platos y las ollas. En el lado opuesto había una mesa enorme con sillas para ocho personas. Afuera, entre el baño y la cocina había una pileta grande que era para lavar la ropa.

Para mí, todo esto era como algo fantástico ya que en el pueblo entre las montañas todos los espacios eran reducidos y no teníamos tuberías con agua dentro de la casa. El nuevo mundo ofrecía grandes espacios abiertos con mucha distancia entre las casas en vez de callecitas estrechas hechas con adoquines. Acá había calles de tierra, anchas, y con mucho polvo.

En el frente de la propiedad había arbustos, una planta de limón, una de naranja, y otra de quinotos. A lo largo de un costado del terreno había una fila de por lo menos 20 árboles de manzanas y más al fondo cinco arboles de ciruelas variadas. Siguiendo esa línea y al fondo del terreno había una higuera gigantesca que siempre daba higos muy sabrosos. Continuando por el lado opuesto y viniendo hacia la casa, había un peral enorme y al lado un árbol de nueces. Le seguían un duraznero que raramente producía frutos buenos para comer, y llegando más cerca de la casa había otras tres higueras que también daban muchos higos. Me asombré al ver ese enorme terreno y recuerdo que anduve mucho explorando y subiéndome a los árboles para agarrar las frutas que más me gustaban.

Cuando éramos recién llegados, el barrio tendría unas veinte familias desparramadas en varias direcciones y muchas de ellas a unos 100 metros unas de otras. En el lado izquierdo había dos casas cerca una de otra que pertenecían a la misma familia, en una estaban los abuelos y en la otra un matrimonio con una hija de nueve años y un hijo de seis años. Por el lado derecho vivía la tía materna Angela con su esposo y un hijo, Carmelo; luego tuvieron una hija, María. A unos 300 metros vivía una prima de mi madre, Lina, con su esposo, dos hijas (Argentina y Liliana), y un hijo (Aldo) de edades cercanas a las nuestras con quienes jugábamos y compartíamos muchas actividades y la escuela.

Recuerdo que a menos de un kilómetro había una granja donde vivía una familia de 14 hijos. Algunos de los chicos eran de edad cercana a la mía y fueron compañeros de escuela. Ellos tenían unas 15 o 20 vacas, cerdos, ovejas, caballos, y muchas gallinas. Me acuerdo de que mi hermana y yo íbamos a comprar huevos y leche casi todas las mañanas. Como me hice amigo de algunos de los chicos, ellos nos invitaban a tratar de ordeñar la vaca. Uno de ellos se arrodillaba casi debajo de la vaca muy cerquita de la teta y nos mostraba como apretar los pezones para sacar la leche. Por mucho tiempo yo no me animé porque el tamaño del animal me asustaba. Finalmente me atreví y con cautela empecé a apretar el pezón hasta que un chorro de leche me dio en la cara. Probé varias veces hasta que el chorro me dio en la boca. Fue una experiencia fantástica que repetí en otras oportunidades. El sabor de la leche recién ordeñada y cayendo en la boca es algo inigualable.

En esos tiempos no lo sabía, pero la casa donde vivíamos era alquilada porque en tres años mi padre no pudo juntar bastante dinero para comprarla y costear el viaje de cinco personas. La razón por la cual fuimos a parar en Espeleta fue que mi padre tenía un contrato de albañil con dos socios para construir chalets en el barrio El Dorado a unos tres kilómetros. Mientras mi padre trabajó en ese barrio, se compró un terreno cruzando la calle del barrio nuevo y se puso a construir su propio chalet. Recuerdo que durante los fines de semana casi todos íbamos a trabajar en la construcción de nuestro chalet. Desde muy joven aprendí a trabajar duro, mezclando cemento, acarreando ladrillos, y asistiendo a mi padre con otras cosas. Sentí mucha gratificación al ver que el fruto de nuestro trabajo estaba tomando forma.

Lamentablemente, nunca llegamos a vivir en ese chalet porque antes de finalizarlo a mi padre le vino la fiebre de volverse al pueblo natal. Cuando mi padre llegó por primera vez a Argentina en el 1950 el país estaba atravesando un periodo de mucha prosperidad bajo la presidencia de Juan Domingo Perón. Este hombre era un coronel en el 1943 cuando los militares tomaron el poder y le dieron el puesto de Ministro de Labor y Bienestar Social. En 1945 ya era general y vicepresidente. En 1946, con la ayuda de la clase obrera fue elegido presidente con un plan progresivo lo cual produjo un boom económico. Su política era populista y fundó el partido peronista. A mi padre le cayó muy bien porque le recordaba el periodo que él vivió con Mussolini en Italia. Perón construyó calles, carreteras, escuelas, hospitales, centros de salud pública en muchos barrios y ganó otro término presidencial en 1952. Sin embargo, al morir su esposa Eva Perón, empezó a tener problemas con la iglesia y otros sectores del país.

Cuando llegamos a fines del 1953 ya había muchos conflictos políticos y un tal General Aramburu encabezó un golpe militar en septiembre de 1955 sacando a Perón del poder. Éste se refugió en Paraguay y luego se fue exiliado a España. Sin embargo, muchos años después el partido peronista ganó las elecciones a principios del 1973 y él regresó a Buenos Aires. Hubo elecciones especiales en octubre de ese año y lo eligieron presidente con su esposa Isabel como vicepresidente. Al morir Perón en julio del 1974, su esposa se convirtió en la primera presidenta de Argentina.

Mi padre se había cansado de tantos altibajos económicos y cambios políticos lo cual contribuyó a darle impulso a su fiebre de retornar al pueblo. Por desgracia para nosotros, el momento que eligió para la gran mudanza fue muy negativo. El vendió el chalet durante el año 1958 cuando un nuevo presidente, Arturo Frondizi, fue elegido quien decidió devaluar el peso y en un periodo de un mes perdió cerca de un 50% de su valor. El valor del dinero que mi padre recibió por el chalet se redujo a la mitad y no fue suficiente para trasladar a toda la familia para establecernos en Italia. Mi padre sufrió un golpe enorme, quedó anímicamente devastado, y les agarró un odio tremendo a los políticos argentinos. Como ya había cancelado y cerrado el contrato de alquiler, alquiló una casa con almacén en un barrio residencial de Quilmes.

Antes de mudarnos ya conocíamos el centro porque muchos domingos nos íbamos de paseo. Por lo general, el área atraía bastante gente y había bullicio entre el hablar de las personas paseando, los buses (colectivos), coches, y tranvías yendo de un lado a otro. También había vendedores ambulantes con un sinfín de cosas. Al principio mis padres nos llevaban, después fue mi madre, y más adelante íbamos los cuatro sin los padres. Muchas veces, después de un largo paseo nos metíamos en una pizzería donde disfrutábamos de una porción y una coca cola. Con el tiempo descubrimos que había cuatro cines y que dos de ellos, los domingos, ofrecían especiales para niños a partir de las 10 de la mañana a precio reducido para ver tres películas. Disfruté mucho los domingos de cine donde me encantaba ver películas de cowboys y de Tarzán como también muchos dibujos animados como el pato Donald, Micky Mouse, el Pájaro Carpintero, y Speedy González.

Me acuerdo de que cuando Pablo ya tendría entre los 15 y 16 años nos acompañaba hasta la estación del tren en Quilmes, dejaba a mi hermana encargada, y él se largaba con sus amigos hasta la hora de regresar. Los viajes domingueros los hacíamos una vez al mes y todos disfrutábamos de la independencia que esas salidas nos brindaban.

Otra experiencia agradable que tuve cuando todavía estábamos en Ezpeleta era de los viajes a pie para ir a buscar naranjas. Había una zona a unos dos kilómetros de casa donde tenían naranjeros por muchas hectáreas y la gente podía ir a llenar bolsas y se pagaba por kilo. Durante la época del cultivo, mi padre y hermanos íbamos caminando con la bicicleta para que a la vuelta colgábamos varias bolsas llenas de naranjas. Mi padre tenía predilección por las naranjas grandotas y recuerdo que siempre decía "chicos, elijan bien las naranjas antes de arrancarlas del árbol, ya saben que las buenas son las grandes y llenas de jugo." Recuerdo que nos pasábamos el tiempo oliendo y suavemente apretando las naranjas antes de separarlas de su planta. Siempre llenábamos tres o cuatro sacos y hacíamos un festín de naranjas. Mi madre y abuela hacían mermelada de naranjas la cual era deliciosa sobre pan tostado.

5

Antepasados & Antecedentes

La Familia Materna

De acuerdo con mi madre, la familia Nigro tiene sus orígenes en Normandía, Francia y antiguamente sus miembros eran referidos como los Nórmanos, posiblemente desde el periodo del dominio francés. En mi búsqueda, encontré el nombre en un documento de la iglesia donde en el siglo 15 aparece un Jacobo Nigro (Fabiano 1998, 11) quien ya era terrateniente. Luego, se encuentra Marco Nigro (Fabiano 1998, 12) quien en el 1552 era propietario de una Apoteca (una combinación de farmacia y almacén). Entre el 1698 y el 1716 aparece en varios documentos el nombre de Andrea (Andrés en castellano) Nigro quien fue miembro de la iglesia en funciones de asistente del cura y el manejo de los récords de la iglesia y del colegio de curas y monjes (Sciretta, 1991, 14).

La familia Nigro se hizo rica dado que a través de los años fue acumulando tierras que incluían granjas, olivares, viticultura, castaños, bosques de pinos, y varias casas dentro del pueblo. Cuando los abuelos paternos de mi madre, Rocco y Vincenza Nigro, murieron, sus tres hijos se repartieron la herencia en tres partes, la fueron vendiendo, y la riqueza familiar desapareció.

Ellos fueron:

Giovanni Battista Nigro, vendió su parte y se marchó a Boston, Estados Unidos donde instaló una marmolería. Se casó con una señora de San Sossio, tuvo dos hijos y una hija. Su primer hijo, llamado Rocco como su abuelo, fue un soldado americano en la segunda guerra mundial y falleció en la batalla de Cassino, cerca de Roma.

Vito Nigro, vendió su parte, se fue para Argentina y se estableció en Saavedra, Buenos Aires donde trabajó como oficinista. Se casó y recuerdo que tenía una hija llamada Vincenza, igual a mi madre y de su abuela, y una nieta que se llamaba Susana.

Guerino Nigro, mi abuelo fue vendiendo su herencia en partes para costearse tres viajes que hizo para Argentina. Después de su tercer y último viaje solo dejó una casa donde vivía mi abuela con sus tres hijas: María Vincenza, mi madre, Angela Rosa, y María. Años más tarde, supimos que había formado hogar con otra mujer en San Antonio de Padua, Buenos Aires con quien tuvo una hija y un hijo a quien llamó Roque. Recuerdo que la abuela Assunta nos contaba que el abuelo estaba obsesionado con tener un hijo varón para darle el nombre de su padre y mantener la tradición. El abuelo ayudó a que dos de sus hijas emigraran a Argentina y también ayudó a mi padre para hacer lo mismo en el año 1950. Mi madre, hermanos, hermana, y yo nos reunimos con mi padre en diciembre del 1953.

Mi madre, a quien le gustaba leer mucho, me contó parte de la historia sobre la inmigración de los italianos. Muchos de ellos empezaron a irse de Italia a fines del siglo 19 en busca de una vida mejor buscando trabajo y prosperidad. Las tierras elegidas fueron Estados Unidos, Australia, y Argentina. La inmigración de mis familiares empezó en los años del 1920 cuando un tío materno de mi madre, Pasquale Barrasso, se marchó a Pennsylvania y se estableció en Reading cultivando la tierra. El tío se casó con una mujer de origen calabresa y tuvo cuatro hijos: Vito, Michael, Elizabeth, y Theresa. Gracias a la buena memoria de mi madre y su gran interés por contactar a sus familiares, inicié una búsqueda y localicé a la viuda de su tío.

Fuimos a visitarla, nos dio una buena bienvenida, y nos presentó a sus hijos. Los primos de mi madre la recibieron muy bien, pero quien se conectó mucho fue Theresa con la cual mantuvimos muchos contactos e incluso estuvimos en la boda de su hija Diana. Su hija más joven, Brenda, no estaba muy metida en asuntos de familia, pero su esposo Ralph se portó muy bien con todos. Diana tenía un parecido muy grande con la hermana más joven de mi madre, María, y a ella le encantó escuchar historias de la familia. Recuerdo de que mi madre quedó muy emocionada con las conexiones que hicimos con sus familiares y me lo agradecía con mucha frecuencia.

Lamentablemente, la búsqueda de la familia en Boston no produjo resultados positivos. En un viaje que hice a esa ciudad, localicé una iglesia muy antigua en el barrio de los italianos en la parte vieja de la ciudad y conversé con el cura. El no conocía a nadie con el apellido Nigro o que fueran parientes del soldado fallecido en Italia durante la segunda guerra mundial. Me explicó que, si había alguno, serian gente de edad muy avanzada. De todos modos, me dijo que indagaría con los feligreses y le dejé mis datos. Sin embargo, nunca recibí noticias. Incluso, visité el consulado italiano en Boston, pero no me ayudaron en nada.

En el patio de la iglesia había un jardín y a lo largo de un paredón había una placa donde estaban grabados los nombres de los soldados italoamericanos fallecidos en la segunda guerra mundial. Cuando encontré el nombre Rocco Nigro, sentí una fuerte sensación que atravesó mi cuerpo como una ola y me sacudió los huesos y el alma. En esos momentos sentí que algunas lágrimas llenaron mis ojos. Tuve una sensación decepcionante porque pensé que le había fallado a mi madre al no encontrar ningún miembro de su familia en Boston.

Siguiendo información que mi madre me dio, busqué datos en varios documentos de la iglesia y del municipio. Encontré que mi bisabuelo materno se llamaba Vito Felice Barrasso, se había casado con Angela Rosa Capilato, y que sus padres, los tatarabuelos, fueron Giuseppe Barrasso y Rosa di Lorenzo. Mi bisabuelo tuvo un solo hijo varón que de jovencito se fue a Pennsylvania y tres hijas, mi abuela Assunta, la tía Raffaela (Falucha), y otra que falleció fulminada por un relámpago durante una tormenta.

La hermana de mi abuela, la tía Falucha, se casó con Elziario Izzo quien era campesino y musico (tocaba el clarinete y la mandolina) con su propia banda de músicos locales. Tuvieron un hijo, Paolo conocido como Zizí quien fue sastre y musico siguiendo la tradición de su padre, él tocaba la guitarra y la mandolina. Zizí se casó con Caterina, amiga de mi madre, y tuvieron cuatro hijos: Elziario, Gianni, Raffaela, y Diana. Recuerdo muchos momentos alegres junto a la tía cuando me contaba las historias del pueblo y las interacciones entre la familia con muy buen humor. Zizí era una persona muy alegre y nos divertía con cuentos mesclados con chistes. Estando con ellos durante mis viajes al pueblo, sentí profundas conexiones espirituales y esas experiencias me enriquecieron el alma.

La hermana de mi madre, Angela Rosa, se casó con Antonio Perlingieri, oriundo de Trevico, y tuvieron un hijo, Carmelo, y una hija, María. Ellos vivían cerca de nosotros en Ezpeleta. La otra hermana de mi madre, María, se casó con Paolo Manciagli, de familia siciliana, quien era peluquero y tuvieron dos hijos: Franco y Ana María. Ellos también vivían en Ezpeleta, pero a un par de kilómetros de nosotros.

Durante los años de niñez y juventud me hice muy amigo de Carmelo y en mi corazón se ha mantenido como un gran amigo. Mi padre fue su padrino y siempre hubo una buena conexión. Cuando Carmelo se casó con Nancy, mis padres estaban en Argentina y estuvieron en la boda. Mi primo y amigo tuvo dos hijos: Antonela y Francisco. Los cuatro vinieron a visitarme cuando vivía en Long Island durante un invierno muy frío y con mucha nieve; nos dio mucha alegría ver cómo Carmelo y su hijo disfrutaron mientras construían un hombre de nieve en el terreno detrás de la casa donde había unos 30 centímetros de nieve. Años después, mis hijos y yo los fuimos a visitar en Berisso, Buenos Aires donde nos hartamos de comer empanadas riquísimas preparadas por Nancy y sabrosas parrilladas preparadas por Carmelo.

La Familia Paterna

Buscando en los archivos del municipio, la iglesia, y un libro encontré el nombre Bianco. Pude averiguar que hubo un tal Laurentii (Lorenzo) Bianco con una hija, Julia (Sciretta 1991, 50). Un día cuando la chica fue a buscar leña se topó con un leñador quién la ultrajó con violencia. Como Julia se resistió y le peleó con fuerza, el tipo se enfureció y le pegó con el hacha matándola en agosto del 1713. Cuando una persona fallecía debido a un accidente, violencia, o asesinato los monjes encargados de escribir datos deban detalles de la muerte.

Los bisabuelos de mi padre fueron Vincenzo Bianco nacido en 1802 casado con Giovanella de Angelis, mis tatarabuelos. Los bisabuelos fueron Vito Bianco nacido el 25 de mayo 1832 casado con María di Palma. Mi abuelo, Pietro Paolo Bianco nació el 7 de octubre 1872 y falleció el 30 de septiembre 1931 cuando mi padre tenía 16 años. Mi abuelo tenía un hermano, Rocco Vincenzo Bianco quien tuvo dos hijos llamados Alfonso y Raffaele.

Mi abuelo se casó con Gaetana Rappucci, conocida como Mammarella, y ellos tuvieron cinco hijos: Vito, María, Angela, Raffaele (mi padre), y Vincenza quien se hizo monja con nombre Claudia Bianco. Mi tío Vito era un artesano trabajando con arcilla y cerámica; debido a necesidades económicas se fue a trabajar en las vías de trenes donde falleció en un accidente golpeado por un tren. El tío estaba casado con Assunta di Leo y ellos tuvieron tres hijos: Pietro Paolo, Gaetana, y Erminia.

Mi primo Paolo era sastre y se fue a trabajar a Suiza donde vivió muchos años y luego se mudó a Roma donde trabajó en uno de los museos y hacía de sastre en su tiempo libre. Durante los años suizos él animó a mi padre para que se fuera a Suiza porque en esos tiempos había mucho trabajo y se ganaba bien. Mi padre se fue en el 1963 y en marzo del 1964 Pablo y yo nos reunimos con nuestro padre. Unos meses después, mi madre y Guerino también se mudaron a Suiza. Me recuerdo que cuando mi primo se casó estuvimos en su boda, más tarde tuvieron un hijo, Vito, y una hija Stefania. Mi prima Erminia fue a parar en Argentina y se casó con Antonio Castellano, un albañil que trabajaba con mi padre. Ellos se establecieron en City Bell y tuvieron cuatro hijos.

La prima Gaetana (Tina) y el primo Salvatore (Sal) quien era hijo de mi tía Angela se enamoraron desde chiquitos y se querían casar, pero mi tía se opuso fuertemente a que su hijo se casara con la hija de su hermano. El deseo de los jóvenes y la oposición de la tía causaron muchos conflictos y tensiones dentro de la familia. La tía y su esposo, Giuseppe Livornese, emigraron a Brooklyn con sus cinco hijos: Sal, Paolo, Gerardo, Luigi, y Concetta a principios de los años 1950. Sal fue muy persistente en su deseo de casarse con Tina, regresó a Italia y se casó con ella en Carife y más tarde se mudaron a Brooklyn al lado de la casa de la tía. Mis primos tuvieron tres hijos: Angela, Vito, y María. Recuerdo que cuando Angela se casó estuve en la boda con mis padres, Amelia, y mi hijo Robert quien tendría entre tres y cuatro años. Me sorprendí al ver como el niño se había maravillado con la belleza de Angela y su hermoso vestido blanco; la muchacha se veía fabulosa y el niño quedó fascinado con ella.

La tía María se casó con Giuseppe Spolidoro, se estableció en Castel Baronia, un pueblo vecino al nuestro y ambos se dedicaron a cultivar la tierra. Tuvieron tres hijos: Pía, Miguel, y Vito. La hija se casó y se mudó a Londres donde tuvo un hijo, pero hace unos años quedó viuda. Miguel emigró y fue a parar en San Justo, Buenos Aires donde se hizo sastre, se casó, y tuvo dos hijos: Marisa y Walter. El primo Vito se fue a Suiza donde trabajó en canteros de piedra hasta que se jubiló y se estableció en el pueblo de su esposa en Italia. Después de varios años lo visité en Suiza y más tarde en Italia. El quedó muy impresionado conmigo porque, según él, yo tenía un gran parecido a mi padre y sus comentarios de afecto hacia su tío me emocionaron mucho. Pasamos días de mucha conexión durante las dos visitas.

La abuela paterna, Gaetana Rappucci, era oriunda de Ariano Irpino. Solamente recuerdo dos hermanos, Doménico y Filippo, y dos hermanas, Maddalena en Carife y Antonetta en Chester, Pennsylvania. Recuerdo que cuando fuimos a Chester a mediados de los años 1970, esta tía era una señora muy activa con sus 92 años.

A pesar de que conseguí muchos datos, recuerdo que durante la niñez nunca estuvimos conectados con la abuela paterna. Ella mantuvo una relación distante con mi madre y sentí una frialdad entre ella y los familiares maternos con quienes yo siempre sentí un acercamiento muy estrecho. Mi abuela vivió con la viuda de su hijo Vito y los tres nietos, pero quedó distante de los otros nietos, mis hermanos y yo. Con ciertas dificultades, traté de atar cabos y solo pude averiguar datos incompletos que se refieren a un feudo que comenzó posiblemente en los años del 1920 cuando un miembro masculino de la familia Rappucci pretendía a una muchacha de la familia Barrasso y fue rechazado. Eso fue tomado como una ofensa porque, según la tía Falucha, ellos se consideraban superior y el rechazo fue muy mal recibido.

Cuando mi padre empezó a cortejar a mi madre, la abuela se opuso y buscó la manera para que su hijo dejara de pretender matrimonio con mi madre. Sin embargo, mi padre continuó con el romance y después de casarse la abuela le puso mucha presión a mi padre para que se sintiera obligado a ayudar y proveer para la familia de origen en vez de atender a su esposa e hijos. La insistencia y presión ejercida por la abuela causó muchos conflictos y disgustos entre mis padres debido a que mi padre parecía sentir más obligación con su madre que con su esposa e hijos. Muchas veces, mi madre descubrió que mi padre proveía por su madre, cuñada y sobrinos en vez de comprar comida para nosotros lo que produjo angustia y dolor en mi hogar. El feudo y la frialdad continuaron por muchos años y recuerdo vagamente que la abuela mantuvo su distancia con nosotros hasta su muerte.

Durante los años del 1960 cuando vivía en Suiza, visité el pueblo en varias ocasiones y recuerdo que la madre de Tina me invitó a que la visitara algunas veces. Yo tenía interés en conocer la familia y acepté. Ella se portó muy bien conmigo, pero me di cuenta de que era debido a que yo llevaba el nombre de su difunto esposo. A pesar de disfrutar las charlas y visitas con la tía, sentí un cierto malestar porque ella no extendía la invitación hacia mis hermanos y no mostró interés en entablar una relación con ellos. Eso me causó pena, tristeza, y un amargo sabor en la boca. Años después, cuando estuve en el pueblo con mi padre para tramitar su jubilación tuve más contactos con la tía. La abuela ya había fallecido en ese entonces. Otra vez, ella se portó muy bien y me dio pena que la familia continuara con el distanciamiento iniciado tantos años atrás.

6

Eventos Familiares

Al poco tiempo de establecernos en Argentina, mi madre y sus hermanas iniciaron el proceso de traer a la abuela para que estuvieran todas juntas. Su llegada a Buenos Aires fue una experiencia maravillosa porque tanto yo como mis hermanos estábamos muy apegados a ella y habíamos vivido momentos positivos con nuestra abuela Assunta. A pesar de que ella se repartía el tiempo con sus tres hijas, la abuela parecía disfrutar mucho al estar con nosotros. Pensé que era debido al extenso terreno, al hecho de que puso un gallinero y al lado preparó un área para plantar y cultivar tomates, lechuga, repollo, zanahorias, chauchas, perejil, orégano, y albahaca. Al lado de la huerta había una planta de laurel alta más de dos metros. Me pareció que ella gozaba mucho con esas actividades.

Recuerdo que muchas veces durante las mañanas domingueras la abuela se levantaba temprano para sacar de la huerta los cosas que necesitaría para preparar la salsa de tomates. Siempre preparaba la salsa usando tomates frescos recién recogidos los cuales eran lavados y después cortados en pedacitos; a veces los machucaba para que la salsa saliera más densa y los mezclaba con otros ingredientes. A ella le encantaba usar las cosas que ella misma había cultivado en su huerta y agregar libremente orégano, perejil, albahaca, ajo, y cebolla. Antes que nada, hacía freír pedazos de carne con ajo y cebolla para después agregar los tomates y el resto de los ingredientes añadiendo un poco de sal. A ella le encantaba hacer la salsa con carne porque en Carife era un lujo comprar un pedazo de carne debido a la escasez que se vivía en ese entonces.

Mientras la salsa se iba cocinando a fuego lento, sobre la mesa preparaba la pasta para hacer fideos con harina, agua, levadura, y un poquito de sal. Los fideos más comunes eran los ñoquis y unos que ella llamaba sombreritos los cuales eran hecho a mano uno a uno; a veces los dedos de la abuela parecían maquinitas que le daban forma a los fideos. Yo practiqué mucho ese arte de preparar los dichosos fideos, pero nunca me salían con la misma precisión como los hacia la abuela. Recuerdo con mucho cariño las mañanas cuando la abuela hacía ravioli. Me daba mucho placer ayudar con la masa y estirarla muy finita, cortarla en tiras largas de unos diez centímetros de ancho mientras abuela mezclaba en una fuente queso ricota, huevos, vainilla, y un poco de azúcar. Cuando el relleno estaba listo, con una cuchara poníamos la crema sobre la pasta estirada y se tapaban con otra tira de masa. Con un vaso grande, cortábamos cada ravioli y después sellábamos la masa con un tenedor. Al terminar la preparación, la abuela nos dejaba lamer la fuente y las cucharas porque siempre sobraba un poquito del queso cremoso el cual era delicioso.

Durante esas mañanas domingueras la casa se llenaba de aroma y sabor. Mientras la salsa se iba cocinando. El rico olor de carne, mezclado con tomates y especies le daba una calidez de hogar al ambiente que el simple recuerdo despierta memorias tan fuertes que puedo olfatear esos aromas en mi nariz y saborearlos en mi boca. A pesar de que han pasado seis décadas, todavía siento una gran nostalgia por esos momentos que fueron episodios maravillosos de mi niñez.

Siempre tuve una gran admiración por la habilidad que tenía la abuela en preparar la masa con sus propias manos y darle esas formas que solo ella conseguía obtener. Estando en Argentina, la tradición italiana de preparar un gran almuerzo se combinó con la tradición argentina de hacer grandes parrilladas. Era muy raro que un domingo no se juntaran las dos tradiciones. Mientras mi abuela o mi madre se encargaban de la salsa y los fideos, mi padre preparaba el fuego y la parrilla para ir cocinando tiras de asado, cortes de vacío, algún bife o churrasco, y varios chorizos.

Después de ayudar con los fideos, me arrimaba donde se iba preparando el asado porque el aroma de la carne cocinándose sobre el fuego siempre me causaba mucha salivación, se me hacía agua en la boca. Andaba rondando con un cuchillo y tenedor porque me encantaba ir cortando pedacitos de carne en los costaditos cuando se veía casi lista y empezar a comerlos al lado de la parrilla. A mi padre le molestara que hiciera eso porque la ceremonia dominical era que primero se comían los fideos o ravioli y después la carne como segundo plato. Desde pequeño tuve como una adicción a la carne asada y ese olorcito siempre me hace salivar. Estoy muy agradecido por las personas que el destino puso en mi camino las cuales me rodearon en mi niñez, porque ellas fueron los pilares de sostenimiento y me brindaron apoyo durante los importantes años de formación y desarrollo.

Otro recuerdo de los años en Ezpeleta que dejó una huella fue cuando, alrededor de mis diez años, mi padre se dejó convencer de la abuela para que comprara un cerdo. Él compró uno bien grande y lo tuvimos unos días. Era una costumbre del pueblo natal que cuando las cosas le iban bien a la familia, se mataba un puerco para celebrar ese bienestar económico. Tanto la abuela como mi padre le querían mostrar a los paisanos que los cosas nos andaban muy bien. El día de la celebración hubo mucha gente incluyendo al abuelo y su hermano, tías, tíos, primos, y otras personas de Carife. Un par de tipos tenían experiencia en matar puercos y fueron los invitados especiales. Yo había invitado algunos amigos para compartir la fiesta. Lo que más recuerdo son los fuertes chillidos del animal que me pareció indicar su deseo de no morir. Mis amigos y yo nos fuimos al fondo del terreno, lo más lejos posible para no escuchar los gritos de la matanza.

Después de esa dolorosa etapa debido a los gritos penetrantes del animal, algunos prepararon un fuego y cocinaron una parrillada con carne de cerdo. Para mí, el olor y sabor nunca alcanzó el sabroso nivel que tenía la carne de vaca. El malestar que sentí por los chillidos del animal fue visto como una debilidad por algunos de los invitados. No recuerdo quien, me dio un vaso lleno de vino para aliviar mi malestar, pero lo que causó fue una borrachera con dolor de cabeza que me hizo tambalear, tropezar, y chocar con personas sillas y mesas. El dolor de cabeza me duró un par de días y nunca volví a emborracharme de esa manera.

Mi abuela fue muy religiosa y estaba interesada en los asuntos de la iglesia católica. Ella se informaba acerca de eventos para participar y llegó a conocimiento de la Catedral de Lujan. Estaba en la ciudad de Lujan como a 100 kilómetros donde la gente hacía la peregrinación para ir a ver a la Virgen de Lujan la cual era venerada como la Virgen de Guadalupe en Méjico o la Virgen de Lourdes en Francia. Para hacer el viaje de Ezpeleta había que usar dos autobuses y dos trenes que llevaría entre tres y cuatro horas. La abuela convenció a mi padre para hacer la peregrinación y un domingo a las 5:00 de la mañana salimos de viaje llegando a Lujan alrededor de las 8:30. Para la abuela fue como revivir las peregrinaciones que había hecho en Italia visitando el santuario de San Gerardo en Materdomini o la iglesia y convento en Montevergine, provincia de Avellino.

Cuando llegamos a las puertas de la Catedral, la abuela nos sorprendió a todos porque se puso de rodillas y empezó a entrar arrodillada. Me dio vergüenza ver esa escena y noté que el resto de la familia sintió lo mismo. Los chicos le preguntamos "¿nonna, porque te pones a andar arrodillada?" y nos dijo "le hice una promesa a la virgen y de esta forma le quería mostrar mi fe." Mi madre le explicó que en Argentina no era costumbre arrastrarse de rodillas y que nos daba vergüenza ver que ella quería hacer como si estuviera en Italia. La abuela se sintió incomoda por la situación, pero se puso de pie y caminó con nosotros hasta llegar cerca del altar. Caminamos lentamente y fuimos admirando la belleza de los trabajos artísticos para después sentarnos para escuchar la misa en silencio.

Al terminar la larga misa, fuimos saliendo para luego explorar la Catedral y la enorme plaza llena de tiendas, negocios, bares, y restaurantes. En un costado encontramos una calle que nos llevó hacia el rio con el nombre de Rio Lujan, al igual que la ciudad y la Catedral. Bordeando el rio bajo los árboles, los que con su sombra aliviaron el calor del sol que ya estaba picando, vimos un área de juegos y otra para picnics. Había mesas con bancos de madera y algunos fogones por si la gente quería asar carne, nosotros llevamos sándwiches, frutas, galletitas, y refrescos. Nos sentamos en una de las mesas para almorzar y descansamos un rato. Como hacía mucho calor, no fuimos a correr en la zona de los juegos porque había mucho sol. Después de comer y descansar paseamos por el parque admirando las aguas del rio.

Volvimos a la plaza donde mi madre y abuela compraron recuerdos y encontramos una heladería. Mi padre compró helados para todos y yo disfruté muchísimo mi cucurucho lleno hasta el tope de chocolate y vainilla. Fue un deleite saborear un helado tan rico. Poco a poco llegamos a la estación y emprendimos el regreso a casa donde llegamos después de las 21:00 horas. La experiencia fue estupenda y la excursión o peregrinación a Lujan se convirtió en una tradición que duró unos años hasta que los chicos desarrollaron otros intereses y no hubo ese deseo de hacer el viaje.

Sin embargo, a mi abuela le encantó tanto hacer el peregrinaje que en algunas excursiones convenció a sus otras hijas para que participaran con nosotros. Recuerdo que esos viajes con las tías y primos fueron muy divertidos ya que éramos más para jugar y también nos juntamos con otros chicos que estaban de excursión y armábamos partidos de futbol.

7

Experiencias de Niñez y Años Escolares

Recuerdo a un chico, Roberto Sánchez, quien tenía un año menos y vivía a unos 100 metros por el lado izquierdo de la casa, muchas veces jugábamos juntos. Hicimos amistad y nos juntábamos después de la escuela porque me encantaba ir cerca de su casa donde el abuelo tenía un caballo. Su abuelo, Don Gómez, era un coronel del ejército ya jubilado que tenía el pelo marrón cortado cortito al estilo militar, vestía un sombrero de gaucho y casi siempre andaba con botas negras.

Don Gómez era conocido en el barrio y se presentaba caminando en una postura estoica manejando sus asuntos como si todavía estuviera en el ejército. Su nieto Roberto se quejaba de que el abuelo era estricto y exigente con sus cosas. Este vecino poseía un bellísimo caballo de color beige y era una de sus posesiones más preciadas, detrás de la casa había un establo donde Zaino era atendido. La familia tenía un terreno grande y ancho donde muchas veces el caballo pastaba. Muchos chicos del barrio le tenían temor a Don Gómez por su actitud de pocos amigos sin embargo algunos se arrimaban para estar cerca de Zaino y acariciarlo. Debido a que yo vivía cerca y era amigo de su nieto, el señor aceptaba mi presencia. Yo estaba hipnotizado por ese fantástico animal y me encantaba estar cerquita, algunas veces Roberto y yo le cepillamos la cola y partes de los costados. Siempre me impresionó el olor de su piel y sentir bajo mis dedos sus músculos fuertes y vibrantes que se movían con movimientos rápidos e instantáneos.

Tuve que esperar casi un año para ganarme el privilegio de poder montar a Zaino y andar sobre el dentro del terreno. Cuando estaba en lo alto del caballo, sentía que el mundo cambiaba ante mis ojos. Las pequeñas andadas a caballo me hacían recordar cuando era más chiquito las veces que mi padre me sentaba en sus rodillas y jugaba caballito, las veces que me llevaba en su bicicleta, y también los movimientos que sentí estando un mes embarcado cruzando mar y océano. Como no había alambrado entre las propiedades, a veces las andadas a caballo se extendían por mi terreno donde me metía entre los arboles de higos, ciruelas, el peral y el de nueces. Me encantaba estar tocando las ramas y las frutas que estaban lejos del suelo.

Desafortunadamente, después de un par de años Zaino se enfermó de lo que dijeron era parte de la vejez y se lo llevaron. Don Gómez se transformó en una persona distinta una vez que el caballo ya no estaba allí. Su postura no se veía amenazante, sus hombros estaban caídos, y su andar ya no era estoico. Empezó a pasar horas sentado en su porche tomando mate y el pobre se veía sin energía como si se hubiera desinflado. Al poco tiempo, la familia desmanteló el corral, limpiaron parte del terreno, y lo dividieron en lotes con alambrado. Los lotes se vendieron rápido y pronto empezaron a construir casas, nuevos vecinos se mudaron y establecieron sus hogares, y el hermoso espacio abierto desapareció.

Dos meses después de mi llegada, empezó la escuela y mi madre registró a los chicos. La escuela más cercana estaba como a tres kilómetros pasando la estación de tren en Ezpeleta. Pablo, Emma, y yo nos juntamos con algunos chicos para hacer la caminata hasta la escuela. Esa jornada la hicimos de ida y vuelta todos los días de marzo a diciembre del 1954. Por suerte algunas familias del barrio eran italianas y al principio nos comunicábamos en nuestro idioma.

Las escuelas argentinas hacen que todos los estudiantes usen un delantal blanco como uniforme lo cual crea un efecto de igualdad. En mi opinión, ver a todos los estudiantes formados con sus uniformes blancos también produce un efecto relajante y suavizante.

Cuando entramos en la escuela, descubrí que todos hablaban castellano y me sentí intimidado. Llegué a la puerta del salón de clase, me quedé como estancado con un nerviosismo que no había experimentado nunca. Era la primera vez que iba a la escuela y ya tenía más de siete años y medio entrando a primer grado. No sabía que esperar ni a qué atenerme y me pregunté *¿cómo es esto, como me puede ir si nunca estuve en clase?* Con gran esfuerzo entré y busqué donde sentarme de la manera que vi hacerlo a otros chicos. La maestra empezó a dar la clase, pero yo no le entendí y le pregunté a un chico en italiano para que me dijera. La maestra se dio cuenta de la situación y permitió que un estudiante me tradujera lo que estaba hablando. La cosa continuó por unos meses hasta que pude entender y hablar un poco de castellano. Sin embargo, la situación me dio vergüenza y me sentí completamente fuera de lugar.

Durante mi primer año escolar sentí rabia y vergüenza en parte porque con la ansiedad de hacer el viaje de Italia a Argentina mi madre no me mandó a la escuela y perdí dos años. Lo que más rabia me daba era ver a algunos compañeros burlarse de mi porque no sabía hablar el castellano. Algunos de ellos hacían comentarios susurrando cosas como "este tipo parece tonto y debe ser bien boludo" pensando que no podía escuchar. Yo los escuchaba y eso me hacía arder la sangre. Mi inseguridad y nerviosismo les dio alas a los chicos que más me humillaron y empezaron a ser desfachatados al apuntarme con el dedo y hacer risitas. Era tanta la rabia que había acumulado que decidí vengarme de ellos después de la escuela. Empecé a buscarlos y a caerle a trompadas o a patadas repartiendo muchos golpes. En ese tiempo tiré y recibí unos cuantos golpes; poco a poco, los chicos que se deleitaban llamándome estúpido empezaron a respectarme y a temerme.

Mi hermana y hermano tuvieron experiencias parecidas y a veces comparábamos notas para ver cómo nos iba en la escuela. Me recuerdo de que Emma tuvo una situación en la cual otra chica le había dicho estúpida. Mi hermana la agarró del pelo y mientras se lo tiraba le dijo "¿vas a llamarme estúpida otra vez?" Emma le tiró el pelo tan fuerte que a la chica le salieron lágrimas mientras pedía perdón. Pablo era un tipo rudo y estaba acostumbrado a tener hostilidades. Nos dijo que cuando algún chico molestaba él les mostraba los puños diciendo con una expresión seria "esto se vería muy bien en tu cara" y los chicos lo dejaban tranquilo.

Por suerte, para el próximo año escolar habían construido una escuela a unas cuatro cuadras de casa y empecé segundo grado en esta nueva escuela. Para entonces ya podía hablar bastante bien el castellano. Algunos de los estudiantes que me habían humillado y recibieron unos cuantos golpes también estaban en esta escuela, pero se mantuvieron a una distancia respetable. Durante el segundo grado yo me esforcé mucho, tuve un progreso académico muy grande, y empecé a participar en otras actividades escolares. Para fines de segundo grado mi funcionamiento académico era excelente.

Siempre me fascinaron los libros con mapas y aprendí mucho acerca de los lugares que había conocido durante mi viaje. Recuerdo que mis conocimientos acerca de la geografía y de detalles históricos asombraban a las maestras. Cuando empezó el tercer grado mis calificaciones eran sobresalientes, mantuve un nivel bien alto, tal que ella me inscribió en un concurso que premiaba la excelencia académica. Para mediados del año alcancé uno de los tres puestos más altos en el concurso y la maestra pensó que para fin de año podría llegar al primer puesto.

Lamentablemente, cuando llegamos a dos tercios del año escolar me enfermé con una sinusitis aguda y una infección de la amígdala por lo cual los médicos recomendaron una operación lo más pronto posible. La operación fue hecha en el hospital de niños conocido como la Casa Cuna sobre la Avenida Montes de Oca en Constitución. Me acuerdo de que la operación fue una carnicería donde usaron anestesia local y había mucha sangre. Las enfermeras me sujetaron a una silla con correas, pero al ver tanta sangre y sentir las tijeras en la boca me puse a gritar y patalear. El forcejeo fue tan intenso que me solté de las ataduras y tuvieron que llamar a tres enfermeras para sujetarme y así poder terminar con la sangrienta matanza de mi tonsila. Mi madre había llevado una sábana y dos toallas grandes las que quedaron llenas de sangre.

Tuve que perder casi un mes de clases ya que la recuperación fue lenta, dolorosa, y la sentí como una eternidad. Mi hermano Guerino también tuvo su experiencia traumática cuando, creo que fue entre los siete y ocho años, sufrió de una apendicitis aguda. Todos en casa nos asustamos mucho. Tuvo una operación de urgencia para sacarle la apendicitis y me imagino que su recuperación fue difícil, aunque no recuerdo complicaciones.

Lo único bueno que recuerdo de todo ese desastre es que durante la recuperación me dieron de comer mucho helado, a mí siempre me encantó el helado. Sin embargo, al perder casi un mes de clases el posible primer puesto en el concurso académico se convirtió en un tercer puesto por lo que recibí una medalla de plata. Me sentí muy mal y muy frustrado porque el primer premio era una bicicleta y mis ojos estaban enfocados en ese premio. Me sentí tan mal que ni me acuerdo cual era el segundo premio. A pesar de quedar muy desilusionado, todavía tengo esa medalla.

La sangrienta operación cuando tenía 10 años y la pérdida del primer puesto me dejaron bastante traumatizado. Lo único que me ayudó un poco fue ver que mis padres estaban orgullosos por el hecho de que su hijo estaba entre los tres mejores estudiantes de toda la escuela. Ellos me dieron mucho ánimo y cariño lo cual me hizo continuar estudiando con entusiasmo usando una perseverancia que me salía de adentro y me empujaba a continuar. Muchos años más tarde, siendo ya experto en niños me di cuenta de que fui afortunado al nacer con un carácter fuerte y resistente lo que permite que uno se pueda sobreponer de los golpes. El apoyo de mis padres y el cariño que mostraron ayudó a que fuera menos amargado. De alguna manera, encontré el modo de mantenerme casi obsesionado con la idea de ser un muy buen estudiante.

Otra cosa que me ayudó y distrajo de sentir tanta miseria fue que durante el segundo grado desperté un interés por los bailes y danzas folklóricas argentinas. La escuela ofrecía la oportunidad de participar en varias actuaciones donde los estudiantes aprendían y ensayaban danzas y recitación. Me enfoqué en el folklore y aprendí unas cuantas danzas, como la chacarera, la samba, la raspa (mejicana) pero la que más me gustaba era el malambo. Tuve la oportunidad de participar en varias actuaciones anuales entre el segundo y el quinto grado. Para el sexto grado nos mudamos a Quilmes y en la nueva escuela me interesó más diseñar y pintar. Cuando entré a la secundaria me enfoqué más en asuntos comerciales y de contabilidad.

La capacidad de enfoque y perseverancia con las que nací empezaron a manifestarse entre el segundo y quinto grado. Fueron creciendo conmigo, y me ayudaron a funcionar académicamente dentro de los mejores 5% del cuerpo estudiantil. Eso también me ayudó durante la escuela secundaria, después a completar estudios universitarios, y hacerme una carrera. Me hicieron falta muchos años de crecimiento y análisis profundos de mí mismo para comprender el profundo impacto que dos eventos en mi niñez (la sangrienta operación y no alcanzar el primer puesto del concurso) tuvieron en mi vida. Por mucho tiempo me sentí defraudado y burlado en la vida, pero no pude articularlo de manera razonable ni ponerlo en perspectiva.

De todos modos, después de los tumultuosos años de la escuela primaria durante los cuales manejé las discriminaciones usando los puños mientras trataba de adaptarme a un país nuevo, solo tuve una pelea en la secundaria. Eso pasó porque un estudiante me insultó usando palabras discriminatorias contra mi familia que me tocaron un punto muy sensible. Me dio tanta rabia que le salté encima tirando puñetazos y los dos nos dimos; por suerte otros muchachos nos separaron y todo acabó bien pronto. Yo no me percaté en ese entonces, pero pensando en esas reacciones me fui dando cuenta que fui impetuoso, impulsivo, con un temperamento que se podría considerar fuerte y explosivo. A pesar de que esas características formaban parte de mi persona, a medida que fui creciendo pude evolucionar y aprendí a ser mejor controlado y menos reactivo.

Cuando entré a la escuela secundaria me interesé y enfoqué en comercio/contabilidad con un programa en teneduría de libros. De todos modos, encontré una clase de arte que me gustó mucho donde hacíamos dibujo y pintura. Tomé esa clase por todo el año donde aprendí a dibujar y pintar con olio y acuarela. El fin de curso ofreció la oportunidad de presentar en una muestra uno de nuestros trabajos. Me interesé mucho en una foto panorámica de Toledo y usando olio pinté esa bella vista trabajando un poco por semana. El resultado fue bastante bueno y estaba muy orgulloso del trabajo final, la profesora quedó impresionada por el efecto que le puse con los colores y ciertos relieves. Cuando a fin de año la exposición había concluido, mi cuadro no aparecía por ningún lado. La profesora insistió que no sabía que había pasado con mi trabajo; nunca apareció y me sentí muy decepcionado porque había puesto tanto esmero y cariño en pintar ese cuadro.

Durante la época de los años 1960 en Argentina el sistema escolar era de siete años de primaria empezando con primer grado inferior, seguía primer grado superior y después del segundo al sexto grado. A continuación, estaba la secundaria con escuelas de bachillerato, normal/pedagógica, enfermería, comercial, artes, y técnicas. Por lo general, los estudiantes que planeaban continuar con estudios avanzados en la universidad hacían el bachillerato.

Yo me interesé mucho en una carrera de contabilidad después de que nos mudamos a Quilmes. Enfrente de mi nueva casa vivía un muchacho que había comenzado su carrera universitaria en contabilidad y administración de empresas. A pesar de que me llevaba algunos años, hicimos una amistad y pasamos muchas tardes hablando de los estudios de contabilidad. Incluso, él me explicó que podría comenzar con un programa de teneduría de libros y con tres años uno podía trabajar como tenedor de libros contables. Otra cosa que me interesó fue que el muchacho tenía una hermana de mi edad que me gustó y traté de iniciar un romance, pero ella solo estaba interesada en una amistad. De todos modos, fui a una escuela vespertina en Bernal y me gradué con un diploma en tenedor de libros. Esa escuela tenía el turno de 17:00 a 21:00 horas y pude seguir trabajando de pintor de 8:00 a 15:00 horas. Mi amigo Gustavo también se interesó en la misma rama, pero él fue a la escuela comercial de Quilmes y se graduó en administración. Antes de empezar mi carrera, me fui a Suiza a trabajar de pintor de casas con una mezcla de sentimientos que abarcaban tristeza, alegría, y ansiedad. El irme de Argentina me hizo sentir raro.

Durante los años de secundaria hubo muchos romances, pero de muy poca duración los cuales quedaron envueltos y semi-perdidos en las tinieblas de mi memoria. Yo me enfoqué en estudiar y recuerdo tres profesores que tuvieron un impacto en mi formación de estudiante secundario porque los tuve por tres años. Una profesora flaca y alta, Señorita Guzmán, quien enseñaba castellano y me enseñó muchísimo a mejorar la escritura como también la expresión oral y la ortografía. Ella empezó un noviazgo con mi profesor de contabilidad, el Señor Fonseca, también flaco y alto. Sus clases eran interesantes y especificas con muchos detalles para entender bien el manejo de los números y el movimiento haberes/deberes. El tipo era muy serio y siempre vestía de traje y corbata con una postura rígida y un cigarrillo en su mano mientras daba la clase. Estos dos parecían bien enamorados y al año y medio se casaron, después notamos que la rigidez en la cara del Señor Fonseca se ablandó un poco. La otra persona que me ayudó mucho fue la profesora de inglés, La Señora Bradley quien era bajita con pelo marrón claro cortado cortito, y una sonrisa en su rostro. La recuerdo con cariño porque ella mostró interés en mi debido a que yo tenía muchas ganas de aprender el idioma inglés. Recuerdo que ponía un esfuerzo extra en clase y hacia más tareas de las que ella asignaba. Cuando ella se enteró de la pelea que tuve, me aconsejó mucho sobre cómo manejar mi rabia y me asesoró en áreas de estudios. En mi juventud mi temperamento era a veces explosivo y ella me sugirió como evitar reacciones que podían llevar a una pelea.

8

Otras Experiencias de Niño

Recuerdo varias experiencias que durante el proceso de abrir el portal de las memorias lejanas evocó una turbación de sentimientos mezclando amarguras y alegrías. Cuando tenía ocho años conocí a José, un chico que tenía mi edad, pero era unos cinco centímetros más alto y un cuerpo masivo con varios kilos extras. Este chico tenía la costumbre de burlarse de otros y era depravado en sus insultos. Un día se ensañó conmigo diciéndome "estúpido novato, habla como la gente" sabiendo de su mala fama, lo ignoré. Parece que le molestó ser ignorado y empezó a decirme "tano miserable y muerto de hambre mejor lárgate de acá" y yo le contesté "porque me decís eso si tus padres son también italianos, acaso tus padres son también miserables y muertos de hambre." José se enfureció, se me pegó frente a frente, y me dio un empujón con su masivo pecho que casi me tumba al suelo. En ese momento no pude pensar, sentí que toda la sangre me subió a la cabeza, y como de instinto le metí una patada ente las piernas, donde más duele. Mientras él se agachaba doblado por el dolor y la sorpresa, me entró una energía impetuosa y le metí un puñetazo en la cara que lo dejó de rodillas y con una expresión de rabia y sorpresa. Entonces le dije "gordo asqueroso y apestoso, aprende a respetar."

El pobre se quedó de rodillas por un buen rato y en la cara se veía que no podía creer lo que había pasado. Había unos cuantos chicos cerca de nosotros, pero nadie se atrevió a decir nada ni a intervenir. Noté que algunos de ellos miraban con una sonrisa en sus labios. Dos días después, José se me aproximó con cautela y pidió disculpas, reconoció que lo que dijo era muy feo, y nos dimos la mano. Después del incidente nos hicimos amigos y él me enseñó cómo hacer hondas y como usarlas. A José le gustaba cazar pájaros sin embargo yo nunca había hecho eso. Nos pusimos a practicar con la honda tirando piedras a latas vacías, a ramas de varios árboles, y a tumbar hojas. Un día le pegué a un pájaro que estaba en una rama gorjeando tranquilamente. Cuando vi al pájaro muerto en el suelo, sentí un dolor terrible por él, porque desde los días de paseos en el bosque de mi pueblo tuve cariño y conexión con la naturaleza. Levanté el pájaro en mis manos con la esperanza de hacerlo revivir, pero no hubo manera de traerlo a la vida. Por varias noches tuve pesadillas y soñé con el pájaro muerto abriendo los ojos diciendo "no entiendo por qué tuviste que matarme." Después de eso, nunca más apunté a pájaros y me limité a usar la honda con cosas inanimadas o troncos de árboles.

Durante las expediciones de caza aprendí a observar y notar la variedad de pájaros que abundaban en los campos. Uno de ellos que me fascinaba ver era el pájaro carpintero cuando se ponía a picotear un árbol produciendo sonidos rítmicos. Las golondrinas llenaban el cielo cuando se ponían a volar y me pareció que era uno de los más populares; recuerdo canciones dedicadas a las golondrinas y un tango llamado justamente "el tango de las golondrinas." Sin embargo, el hornero era el que me intrigaba; este pájaro de un color marrón y buen tamaño tenía un arte tremendo para construir su morada, ya que, para mí, no era un nido sino una casa. El hornero se pone con su pareja a juntar ramitas y pasto seco, los mezclan con barro, y poco a poco construyen su vivienda en ramas gruesas o en la punta de palos o postes. El producto final es un recinto redondo, bien duro, y con un interior parecido a un caracol con lo cual les dan protección a sus crías. Siempre pensé que el hornero es el pájaro más típico de las pampas.

Después de la experiencia negativa con el pájaro muerto, me dediqué a explorar otras actividades. Por lo general, cuando llovía se formaban muchos charcos y las zanjas se llenaban de agua donde aparecían muchas ranas. Los chicos tratábamos de agarrar la rana más grande en competencia unos con otros. Para agarrar las ranas unos usaban las manos mientras que otros usaban un palo con un hilo colgando y en la punta ponían un pedacito de carne o grasa para "pescar" las ranas. Nos divertíamos mucho tratando de sujetar las ranas porque era muy resbaladizas. Aprendí que mientras sujetada con una mano uno le pasaba los dedos por el pecho y las ranas agarraban los dedos y los apretaban contra su pecho. Era como un jueguito que hacíamos y después las soltábamos para que siguieran con su vida saltarina entre las zanjas y charcos. Un tiempo más tarde me enteré de que muchos cazaban ranas para comer y decían que las piernas eran un plato fino y delicioso. Nunca me interesó comer ranas ni las probé.

Aparte de cazar pájaros y ranas, muchos niños estábamos intrigados por los cuentos folklóricos. José sabía mucho de esos cuentos y un día nos dijo que uno no se debe arrimar a una tapera porque están habitadas por fantasmas o espíritus. Para ilustrar su conocimiento sobre las taperas embrujadas, una tarde nos llevó a un campo cuando estaba oscureciendo. En un llano abierto donde el pasto nos llegaba a la cintura vimos un ranchito medio en ruinas, la típica tapera. José se paró a unos 200 metros y nerviosamente nos dijo "de acá no se pasa." Nos indicó que podíamos agacharnos y mirar por si se aparecía algo. Pero como no podíamos ver muy bien nos arrimamos a 100 metros.

Junto a la tapera había un ombú, árbol típico de las pampas argentinas. A pesar de que se le llama árbol, el ombú no lo es. Es un arbusto, casi un pasto salvaje/silvestre, el cual crece por muchos años y toma la forma y tamaño de un árbol. Tiene en lo alto como una bóveda y algunos alcanzan una altura de unos 20 metros con un diámetro de 15 metros en la parte más ancha. Son muy buenos para dar sombra por eso muchos ranchos los construyen cerca de un ombú. Otro árbol que abunda es el sauce llorón con sus ramas colgando y muchas tocan el suelo. Este árbol ofrece un buen escondite cuando los chicos juegan y no se quieren hacer ver. Debajo de su bóveda hay mucha sombra y se siente fresco.

Mientras esperábamos José nos contó que la gente que vivía en ese rancho convertido en tapera había desaparecido. Según el, los espíritus de esas personas todavía rondaban en el rancho abandonado. Después, aprendí que esa era una leyenda muy popular como también era la de la luz mala. Los chicos de edad escolar hablaban de esas leyendas y se decía que las taperas estaban poseídas por espíritus malignos los cuales se podían ver como una luz mala dentro de la tapera. Ya para los 10 años yo había oído muchas de esas leyendas las cuales se parecían a otras que había escuchado en Carife. Mientras esperábamos con José, el grupo de cuatro chicos notó que al caer la oscuridad apareció una luz moviéndose dentro de la tapera. Al principio nos quedamos inmobles y con la boca abierta. De repente alguien gritó "la luz mala, la luz mala" y todos salimos volando como el viento. Nunca supimos que sucedió, pero nos mantuvimos lejos de ese lugar.

Otra característica de las pampas era que entre los pastos que alcanzaban hasta medio metro de altura, crecían muchos cardos. Estos eran de un color gris azulado con cabezas grandes llenas de pinches y ramas con hojitas que también pinchaban. En ciertas áreas, los cardos crecen juntos formando como bosques en miniatura los que llegaban a una altura de dos metros. Cuando los cardos son chiquitos, tiernos, y bajitos se mezclan con los pastos donde comen las vacas. Si estas se tragan los cardos, la leche que producen tiene un sabor feo y desagradable. En zonas donde había muchos cardos y no había casas cerca, nosotros los cortábamos, hacíamos pilas grandes, y le prendíamos fuego. Las fogatas eran atractivas porque a veces los cardos saltaban en el aire haciendo chasquidos rompiéndose en mil pedazos.

Aparte de las áreas con cardos, había lugares donde cerca de zanjas grandes, charcos, o lagunitas crecían muchas cañas. Para nosotros las cañas eran materia prima para construir lanzas, espadas, arcos y flechas, y las usábamos para hacer el esqueleto de los barriletes. A veces construíamos empalizadas o chozas chiquitas, pero no era muy agradable porque hacían falta muchas cañas. Me divertí mucho cortando cañas para construir muchas cosas. La que resultó muy agradable era hacer flautas de diferente tamaños y medidas. Algunos chicos tenían talento para hacer sonar las cañas de manera muy musical y eso nos divertía a todos.

Cuando vivía en Ezpeleta tuve la oportunidad de conocer cara a cara la furia del Pampero, el viento que sopla del suroeste con fuerza y violencia. El cielo se llenó de nubes negras cubriendo el área de oscuridad, llegaron truenos y relámpagos, y se vino una lluvia torrencial azotando la tierra con agua y granizo. El ruido de la tormenta con el viento rugiendo con sonido ensordecedor y el granizo golpeando el techo de zinc sonando como martillazos o balazos de una metralleta me hizo sentir vulnerable, lleno de pavor. Por suerte nosotros estábamos dentro de la casa de ladrillos que proveía mejor protección que la de madera y ayudó a que sintiéramos un poco de seguridad. Sin embargo, mi madre, mis hermanos, y yo estuvimos agonizando durante las casi dos horas que duró la tormenta. Algo asombroso, después de la tormenta, fue ver todo lo que había que limpiar para poner las cosas en su lugar.

La gente siente como una admiración y temor a la vez hacia el Pampero. En algunas conversaciones por el barrio y en varias clases me pareció que muchos le tenían como una veneración al famoso Pampero y hablaban con orgullo el haber vivido su furia. Tal vez eso era debido a que el verano, con su calor agobiante, hacía secar el pasto que era el alimento de las vacas y caballos. Debido a eso, pensaba yo, la tormenta era una bienvenida refrescante con la cual los animales tenían agua para beber y hacia renacer el verdor del pasto.

Recuerdo que los años pasados en Ezpeleta me hicieron vivir muchas experiencias que dejaron huellas. Durante los años entre la edad de siete a trece fui expuesto a cambios políticos, sociales, culturales, y el desarrollo biológico de niño a pubertad, y el comienzo de la adolescencia. El barrio fue cambiando en donde grandes espacios abiertos fueron cerrándose con alambrados, las parcelas se llenaron de casas, pavimentaron algunas de las calles, y el ambiente rural desvaneció.

9

Años de Transición

Mi familia se mudó de un área semi-rural en Ezpeleta a un barrio residencial en la ciudad de Quilmes que estaba a unos 10 kilómetros. La ciudad y el municipio de Quilmes tendría unos 250.000 habitantes y estábamos a dos kilómetros del centro. Era el año 1959 cuando yo era un chico de 13 años. Nuestra calle no estaba pavimentada, pero a dos cuadras y media teníamos servicio de autobús sobre la Avenida la Plata que en partes tenía asfalto y en otras partes era de adoquines. Me acuerdo de que, cuando el colectivo pasaba por la parte de adoquines temblaba y se sacudía haciendo mucho ruido.

Las casas estaban muy juntas y algunas pegadas por un lado una de otra. En mi cuadra casi todas estaban separadas por un metro y muy pocas tenían más espacio. Nosotros estábamos pegados de un lado y al otro teníamos un pasillo de un metro que llegaba a un patio que tendría unos cinco metros por seis todo de cemento. A pesar de que algunas calles no tenían pavimento, había veredas algunas de cemento y otras de baldosas. Los primeros meses me sentí raro porque después de pasar cinco años donde había grandes espacios abiertos, con campos donde había granjas con vacas y otros animales, en Quilmes era como estar encerrado entre cemento y ladrillos. Tardé un poco en acostumbrarme a tener tantas limitaciones con el espacio.

Por suerte a tres cuadras estaban los campos de La Bernalesa, una fábrica textil que abarcaba, por un lado, unas estructuras de ladrillos rojos de dos cuadras por cuatro cuadras igual a ocho manzanas de terreno igual a 80.000 metros cuadrados. Por otro lado, tenían algunos edificios pequeños, una cancha de básquetbol al aire libre, tres canchas de futbol, un lugar de reuniones donde hacían parrilladas, y más tarde pusieron una piscina donde disfruté y aprendí a nadar en verano. Esta segunda sección era de dos cuadras por dos cuadras por un total de cuatro manzanas de terreno o 40.000 m2.

Otra de las cosas buenas que encontré era que tanto como en mi cuadra como alrededor vivían muchas chicas más o menos de mi edad. Caminando por el barrio y yendo a la escuela empecé a hacer amistades con lo que descubrí una costumbre que no conocía cuando vivía en Ezpeleta. Cuando uno de los chicos o una de las chicas cumplía años, hacían una fiesta con comida liviana y refrescos donde los invitados podían llevar algo de comer o beber. Estas fiestas eran llamadas asaltos, nunca entendí bien el porqué de ese nombre. En estas fiestas los jóvenes disfrutaban de la música que estaba de moda y bailaban mucho.

A pesar de que yo era introvertido y tímido, fui invitado a muchos "asaltos" donde, a veces, las chicas me invitaban a bailar porque yo no me animaba. Durante el primer año en Quilmes conocí a mi mejor amigo, Gustavo, porque estábamos en la misma clase en el sexto grado. Debido a que yo había empezado la escuela dos años más tarde que los demás chicos, mi amigo era un año y medio más joven. Sin embargo, nos entendimos muy bien. Muchas veces estábamos juntos en las fiestas y nos poníamos a observar y hablar de cómo los chicos se comportaban. Ya desde entonces empecé a darme cuenta de que me gustaba observar, comparar, y analizar el comportamiento de la gente.

Recuerdo que cuando cumplí los 14 años, como regalo de cumpleaños mis padres me compraron un traje marrón, camisa beige, corbata, y zapatos de mocasín nuevos. Cuando fui a la próxima fiesta con el conjunto nuevo, las chicas me tomaron muy en cuenta y me invitaban a bailar con frecuencia. Esa noche bailé mucho y tuve varias invitaciones para salir con las chicas dándome citas para irnos de paseo. Con ayuda de mi hermana había elegido un conjunto de última moda y fue todo un suceso. La experiencia me llenó de orgullo y creo que llegué a ser un poco menos tímido e introvertido.

La amistad que nació entre Gustavo y yo fue basada en que ambos éramos tímidos, introvertidos, y muy inteligente. Pasábamos horas hablado de filosofía, de asuntos sociales, analizando el origen de las cosas y de los hechos. En mis tiempos, ese tipo de personalidad era considerado de alguien serio e inspiraba un cierto respecto, pero en tiempos "modernos" podría ser causa de burla. Disfrutábamos tanto de nuestras charlas que cuando estábamos en alguna fiesta absortos en algún punto, las chicas venían a separarnos para llevarnos a la pista a bailar. Nos gustaba observar y comparar comportamientos lo cual nos llevó a estudiar psicología muchos años después.

Enfrente de mi casa vivía un muchacho que tendría unos 19 años quien estudiaba en la facultad de economía y administración de empresas en la universidad de Buenos Aires. A veces nos poníamos a charlar y entablamos un poco de amistad. Me encantaba escuchar historias de cómo eran las cosas en el campo universitario y soñaba con un día poder llegar a la universidad. Él me asesoró e informó acerca de su carrera en contabilidad y despertó en mi un interés en los libros contables. Otra cosa que despertó mi interés era que el muchacho tenía una hermana de mi edad que estaba estudiando bachillerato y ella me gustaba. Sin embargo, ella sólo me consideró como una amistad y noté que se dedicaba a estudiar de manera muy enfocada y absorta en los libros. Cuando empecé la secundaria estaba tan interesado en contabilidad que entré en una escuela que ofrecía el curso de tenedor de libros. Como estaba trabajando de pintor, elegí esa escuela en Bernal porque tenía turno vespertino con clases de 17:00 a 21:00 horas.

Antes de entrar en la secundaria cuando tenía catorce años, noté que mi hermano Pablo ya había empezado a trabajar como tornero mecánico y recibía un sueldo. Con su propio dinero mi hermano parecía tener una cierta independencia y yo sentí un gran deseo de tener mi propio dinero para gozar de esa libertad. Estaba celoso de mi hermano y me di cuenta de que para dejar de ser niño tenía que conseguirme un trabajo para que, de esa manera manejar el dinero de mi sueldo. A través de una turbulencia emocional que se apoderó de mi como una gripe, empecé a sentir que dejaba de ser niño. Apenas había acabado de terminar el sexto grado, me puse a buscar trabajo.

Me enfoqué en conseguir un empleo con mucha perseverancia y determinación. Fui a varios negocios y almacenes hasta que en una mueblería a unas siete cuadras de casa me ofrecieron trabajar durante el verano antes de comenzar la secundaria. Me sentí muy orgulloso porque conseguí eso con mi propio esfuerzo. La mueblería era un negocio que el propio dueño manejaba con su familia donde la esposa y una sobrina ayudaban con el día a día más un joven empleado de unos 16 años. Mi trabajo consistía en ayudar al otro empleado en abrir el negocio, limpiar el salón donde estaban los muebles en muestra, limpiar el polvo de los muebles y pasar un paño de vez en cuando para que mantuvieran el brillo.

Recuerdo que aprendí con gusto el arte de mantener los muebles brillantes y pasaba un buen tiempo en esa actividad. También ayudaba a mostrar los muebles cuando un cliente entraba para examinar lo que teníamos disponible. Otra tarea era de ayudar cuando llegaban muebles nuevos y acomodarlos en el salón como también asistir, después de la venta, en cargar los muebles comprados en un camión y llevarlos a domicilio. El trato que hice con el dueño era de que me pagaría 100 pesos por quincena. Los primeros 15 días me parecieron interminables, pero cuando llegó el día de pago sentí un jubilo y entusiasmo increíble cuando tuve en mis manos los primeros 100 pesos. Me dio un poco de temor que el dueño se diera cuenta que me temblaban los dedos mientras aguantaba el dinero. A pesar de que era poca cantidad de dinero, para mi significaba que por dos semanas podría ir al cine, comprarme pizza y coca cola, salir con mis amigos, y todo eso sin tener que pedirles un peso a mis padres. ¡Estaba en la gloria!

El jefe notó que me gustaba tener dinero y también se dio cuenta de que yo tenía iniciativa. Charlando en forma casual empezó a preguntarme acerca de mis planes y le conté que al terminar el verano entraría a estudiar teneduría de libros y contabilidad para hacer una carrera en el ámbito comercial. En un cierto momento me preguntó si me gustaría ganar un poco más de dinero lo cual me sorprendió y me dejó intrigado. Me pregunté "*¿a quién no le gustaría ganar más dinero, me estará tomando el pelo?*" De todos modos, le dije "pues claro que me gustaría." Entonces el jefe me explicó que podría pagarme 200 pesos por quincena en vez de 100 si yo participaba en otras actividades del negocio. Al escuchar la propuesta el entusiasmo me enceguecio y acepté sin entender bien en que me metía.

Para hacer ventas, el negocio aceptaba que la gente diera un anticipo y después firmaban pagarés para completar el pago de los muebles en cuotas mensuales. La mayoría de los compradores lo hacían de esa manera porque necesitaban muebles, pero no tenían el dinero suficiente para pagar al contado. La nueva tarea, que fue agregada a todas las previas, consistía en organizar una lista de los clientes con las fechas y cantidades que debían, poner los pagarés en una carpeta, y visitar a los clientes en sus casas en la fecha estipulada para cobrarles lo que debían. Organicé itinerarios y dos o tres veces por semana andaba de casa en casa con la carpeta llena de pagarés tratando de cobrar. Recuerdo sentirme muy incómodo cada vez que tocaba en una puerta para pedir dinero y la incomodidad se fue haciendo aprensión hasta convertirse en una sensación de culpa que me hizo sentir horrible haciendo ese trabajo.

En uno de esos malos días una señora joven con un bebé en brazos me abrió la puerta con una expresión en su cara que mostraba vergüenza y nerviosismo. Casi titubeando trató de explicarme que su marido aún no había cobrado la quincena y que no podía cancelar el pagaré. Me sentí tan mal como ella y le otorgué una semana de extensión. Después de dedicarme a esta tarea casi tres semanas, noté que la mayoría de los clientes eran pobres y vivían de quincena en quincena por lo cual se les hacía muy difícil ahorrar lo suficiente para cubrir los pagos. Me vi envuelto en un torbellino de sentimientos los cuales me hacían sentir una culpa que no era mía y el trabajo se hizo horrible porque a mi jefe no le gustó que otorgara extensiones a los clientes que no podían pagar. A él no le interesaba saber acerca de las dificultades y enfatizaba cobrar los pagos debidos. Al final me di cuenta de que no podía continuar con ese trabajo y renuncié.

Cada vez que estaba de cara a cara con esa pobre gente me sentí muy mal, lleno de culpa, y con una sensación de disgusto conmigo mismo. Comencé a preguntarme el porqué de todo eso, pero no encontraba respuestas. El entusiasmo inicial de trabajar en comercio y hacer dinero se disipó a medida que la empatía hacia los clientes fue creciendo. A pesar de que la parte inicial del trabajo de limpiar y lustrar muebles, como también ayudar con carga y descarga de los camiones, me gustaba bastante eso de andar por las casas a cobrar me empezó a revolver el estómago. No pude continuar haciendo una tarea que hacía surgir en mí sentimientos desagradables y no tuve más remedio que largarme para dejar de sentir ese disgusto.

Después de esa experiencia me sentí decepcionado con el mundo comercial y con ayuda de mi padre conseguí un trabajo de pintor en un edificio en la capital que todavía estaba en construcción. Como el contratista de los pintores era conocido de mi padre, me dio la oportunidad de trabajar de 8:00 a 15:00 para que pudiera continuar atendiendo la escuela comercial de turno vespertino. De esa manera pude completar el curso de tenedor de libros. Pensé que trabajando en los libros de contabilidad no me pondría cara a cara con clientes para pedirles que pagaran sus deudas. Durante algunas conversaciones con mi amigo Gustavo, a quien le contaba mis desaventuras, su madre escuchó el dilema y la tristeza que sentía al tener que pedir pagos. Ella sugirió que debido a que yo era tan sensible, debería poner mi inteligencia en mejor uso en campos humanísticos. Le tenía mucha admiración y el comentario quedó rondando en mi cabeza por muchísimo tiempo.

10

Encuentros en Patagonia

Era el año 1961 cuando tenía 15 años y estaba estudiando comercial mientras que al mismo tiempo trabajaba de pintor. El contratista consiguió un trabajo para pintar un hotel todavía en construcción ubicado en la ciudad de Comodoro Rivadavia, provincia de Chubut en la Patagonia. Eso era como a 2.000 kilómetros de Quilmes y había que ir en avión. El jefe le habló a mi padre para que yo fuera con un grupo a pintar durante las vacaciones de verano. Yo estaba muy entusiasmado y pudimos convencer a mi madre para que me dejara ir. Nunca había viajado en avión y la idea me hizo sentir excitación como también un cosquilleo nervioso recurriendo mi cuerpo. Mi contrato fue de dos meses con los gastos de viaje y estadía pagos más un sueldo.

El viaje en un avión DC8 con hélices duró cuatro horas y media. Viajando conmigo estaba el supervisor quien tenía una amistad con mi padre y tres compañeros de trabajo. Al principio, el vuelo me mareó un poco lo que me dio como una amargura en la boca y no pude disfrutar de la merienda que sirvieron a bordo. A medio camino, el avión se encontró con fuertes vientos los cuales causaron que el avión se sacudiera de lado a lado y de golpe cayera como en un pozo sin fondo. Las caídas eran abruptas causándome mareos intensos y un dolor en el estómago que parecía estaba a punto de estallar.

Lo que más recuerdo de esa experiencia es que me asusté mucho, estaba nauseado, y vomité tanto que llené dos bolsas que tenían para vomitar. Durante las sacudidas y tremendas caídas en el vacío del cielo pensé que el avión no llegaría a su destino y que todo se acabaría cuando el avión se estrellara. Esos pensamientos duraron hasta que el avión aterrizó y estuvo en tierra firme. ¡Fue un viaje interminable!

Cuando llegamos a Comodoro Rivadavia necesité casi 24 horas para recuperarme del atroz y brutal viaje. Después de dormir unas 12 horas, darme una ducha, y empezar a despejar mi mente, pude dar un paseo con mis compañeros. La ciudad no era muy grande, pero algunas calles y avenidas eran muy lindas. Lo que más me gustó fue la caminata por la costa a unas cinco cuadras del hotel donde nos hospedamos y era el mismo en el que íbamos a pintar. Todo era muy distinto a lo que había visto antes; había algunas colinas y a lo lejos se veían las sierras, pero el terreno era árido, de color marrón, no se veía mucho pasto verde. Noté que había arbustos y los pocos árboles no eran muy altos. La costa era de una arena gris oscura y llena de rocas. La ciudad y los alrededores se estaban haciendo popular porque habían encontrado petróleo en la región. Se veía un gran desarrollo con muchos edificios nuevos y barrios que se expandían alrededor de la ciudad.

El pequeño puerto pesquero estaba siendo transformado para poder recibir y atracar en muelles nuevos los buques tanque para acarrear el petróleo. Yacimientos Petrolíferos Fiscales, YPF, había comenzado a extraer, pero enseguida se metieron las corporaciones norte americanas a extraer con mayor fuerza. Le llamaron la invasión Yankee. Era muy común ver americanos del norte caminando por el centro vistiendo blue jeans, botas, y sombreros tejanos. Esos tipos hablaban un castellano rustico y lo que llamó la atención fue que, cuando hablaban inglés sonaban como los cowboys en las películas western.

Durante varios contactos con esos individuos aprendí que existía la codicia de las grandes corporaciones por la cual esta gente y sus maquinarias extraían el petróleo y se lo llevaban a su país sin importarles un bledo de lo que dejaban atrás. Pude observar que los representantes de las corporaciones americanas actuaban con desdén, arrogancia, y discriminación hacia los locales sin importarle el país, la cultura, o el modo de vivir de la gente.

Los dos meses que me pasé en Patagonia ofrecieron nuevas experiencias que fueron intensas y que abrieron las puertas a una serie de sentimientos que cambiaron las percepciones que tenia de la vida. Aparte de trabajar nueve horas diarias, tuve la oportunidad de mezclarme con la gente local donde encontré indígenas, mestizos, descendientes de españoles, italianos, y otros europeos.

Algo nuevo fue entrevistar miembros y descendientes de araucanos, mapuches, y tehuelches los cuales se veían tristes, muy metidos en la bebida, y viviendo en una pobreza que era bastante profunda. Muchos de ellos vivían dispersos en los alrededores de la ciudad en viviendas que se veían peor de las que había en las villas miserias que había visto en el Gran Buenos Aires. Algunos se arrimaban a la ciudad en busca de trabajo. Las grandes diferencias entre la gente que vivía en la ciudad y los que vivían en los campos me hicieron sentir incomodo con una sensación de disgusto por lo que consideré una tremenda injusticia. Los indígenas estaban en estas tierras por siglos, pero fueron desposeídos de sus tierras para que un pequeño grupo pudiera meter mano y extraer el petróleo. Ese pueblo fue empujado y desalojado causando que terminaran viviendo en una terrible y desagradable pobreza.

La injusticia que pude presenciar durante esos días me hizo cuestionar mucho el papel de la sociedad y despertó cierto interés en estudiar y aprender sobre este tipo de situaciones. Además, empecé a sentir una inquietud y deseo de tener más experiencias, expandir mi horizonte, viajar a lugares nuevos, ver como otros pueblos viven sus existencias, y tratar de entender las diferencias. Esto dio inicio a varios pensamientos que me hacían preguntar porque ciertas cosas pasan y que se puede hacer para mejorar las situaciones que había observado. La ingenuidad de adolescente me hizo imaginar que podía encontrar estrategias para erradicar las injusticias; algo parecido a las experiencias que tuvo Ernesto "Che" Guevara mostradas en la bella película "The Motorcycle Diaries" o El Diario en Motocicleta. Me identifiqué mucho con esa película. Más tarde en la vida, me di cuenta de que esos eran los signos iniciales de lo que los psicólogos llamamos la "fantasía de rescate" la cual aparece en muchos novatos que aún no han aprendido las rudas realidades de este mundo. Éste puede ser muy absurdo y cruel.

Muchos años más tarde y con 16 años de experiencia clínica, tuve la oportunidad de viajar a Nuevo Méjico, Estados Unidos. Estando allí, visité Santa Fe y Albuquerque donde me informaron del pueblo indígena de la región que vivía en Taos a unos 120 kilómetros al norte. Con un colega que tenía intereses similares a los míos, alquilamos un coche y nos fuimos a visitar la reserva de los indígenas. Lo que observé en ese lugar trajo memorias de la experiencia que tuve en Patagonia cuando estuve visitando a los aborígenes de la zona. La expresión facial con fuertes signos de depresión, indiferencia, desgano, y con ojos vítreos debido al alcoholismo, eran claros indicios de la aflicción sufrida por ese pueblo. En ambos casos la gente vivía en una horrenda pobreza y habían sido despojados de sus tierras y de su modo de vida. Al irnos de allí, mi colega y yo salimos llenos de tristeza.

El edificio donde estábamos en Comodoro Rivadavia tendría 12 pisos de altura y lo compartíamos con electricistas y carpinteros que estaban trabajando para completar la obra. La zona era conocida por tener grandes depósitos de petróleo y estar expuesta a fuertes vientos. Recuerdo que los vientos soplaban con tanta fuerza que los coches estacionados en las calles se sacudían y movían. Algunas veces subíamos al último piso y desde los balcones mirábamos como el viento sacudía los coches y árboles. Incluso, recuerdo que en algunos días cuando las ráfagas eran bien fuertes noté, junto a mis compañeros, que el edificio se movía con un pequeño balanceo y nos asustamos. Le preguntamos a nuestro supervisor quien, para nosotros, era un hombre de muchos conocimientos, y nos explicó "en esta región los edificios están construidos con vigas de acero para que tengan flexibilidad y soportar las ráfagas de viento que de hecho son muy fuertes." Nos aseguró que el edificio estaba hecho a prueba de los vientos y eso nos tranquilizó.

Como estábamos cerca de la costa, el viento nos azotaba a sus anchas. El mar rugía con oleadas turbulentas y manteníamos nuestra distancia porque a veces el viento no dejaba que uno pudiera caminar con estabilidad. Sin embargo, cuando los vientos andaban con un poco de suavidad y el sol brillaba en un cielo celeste y limpio, pude pasear mucho por la costa. Me encantaba ir porque allí, por primera vez en mi vida me encontré cara a cara con pingüinos. Éste fue el encuentro más memorable que tuve, y todavía tengo, de mi viaje a Patagonia.

El entrar en contacto directo con esos maravillosos, majestuosos, y fascinantes animales abrió las puertas a nuevos sentimientos. Me pareció que ellos estaban acostumbrados a compartir la costa con seres humanos ya que no se espantaban ni trataban de alejarse corriendo. Permitían que los tocáramos y tuve la oportunidad de acariciar a varios pingüinos durante mis paseos. Incluso, caminé al lado de ellos imitando su forma de caminar y en esos momentos sentí una paz y un regocijo dentro de mí como nunca había sentido antes. Me conecté tanto con el medio ambiente y con la compañía de esos bellos seres que me pareció de pertenecer en ese lugar.

Durante nuestra primera semana, uno de mis compañeros, Pedro, quedó tan impresionado con los pingüinos que secuestró uno de ellos y se lo llevó al hotel. El ignoró todos nuestros esfuerzos o comentarios y no se dejó persuadir de dejar al pobre animal con sus propios compañeros. Una vez en el hotel, se lo llevó a su cuarto, lo metió en la bañera, lo lavó, le quitó unas manchas de petróleo, y lo tuvo allí un par de días. Finalmente, nuestro supervisor le dijo "mira Pedro, el pingüino pertenece en la naturaleza con los suyos y si insistes el tenerlo encerrado en tu bañera se va a enfermar y morir." El muchacho se convenció y estuvo de acuerdo en llevar a "su" pingüino de vuelta a la playa para que esté con su familia. Por la tarde del segundo día un triste Pedro, acompañado por tres de nosotros, hizo el viaje para el retorno del dichoso pingüino a su medio ambiente. Todos celebramos el momento felicitando a nuestro compañero por su gesto en devolver el animal a la naturaleza. Lo que noté fue que por muchos días Pedro volvió a caminar por la playa buscando y tratando de identificar a "su" pingüino entre los más limpios que andaban paseando cerca de él.

El fin de mi estadía llegó más rápido de lo deseado. A pesar de que extrañaba a mi familia y a mis amigos, los días en Patagonia fueron tan maravillosos que la partida no me hizo sentir alegría, sino más bien tristeza. Una vez llegado al aeropuerto, me volvieron los nefastos recuerdos del vuelo tan miserable que sufrí para llegar a Patagonia y empecé a ponerme nervioso. Pensé que el vuelo sería tan malo como el anterior y traté de prepararme para lo peor. Sin embargo, al despegar el avión lo hizo con cierta suavidad que me sorprendió de manera tranquilizadora. Mientras se deslizaba por el aire, el avión apenas se sacudió y en cuatro horas empezó a aterrizar en el aeroparque de Buenos Aires sin dificultad alguna. ¡Qué diferencia!

El dinero que gané y ahorré se lo di a mi padre para ayudarle a poner un anticipo en la compra de un terreno cerca de la estación en Ezpeleta, donde íbamos a construir nuestro próximo chalet. Mi padre hizo la compra a través de una agencia de bienes raíces en Ezpeleta la cual, supuestamente, tenía años de buena reputación. Lamentablemente, uno de los atributos que tenía mi padre era que él confiaba mucho en la gente y creía en hacer tratos con un simple apretón de manos aceptando la palabra del otro. Era tan terco con su creencia que se molestó cuando yo le insistí que obtuviera los documentos del terreno para hacer la escritura; él se confió en la palabra del gerente de esa agencia y se contentó con los recibos y una nota hecha por la agencia diciendo que había comprado tal terreno.

Mi padre consideró que era un insulto no aceptar la palabra del gerente y pedir documentos legales. Al poco tiempo, nos enteramos de que este gerente había desaparecido, la agencia cerró, y mucha gente se quedó sin terreno y sin dinero. Ese tipo había vendido muchas tierras dando simple recibos sin otorgar documentos registrando las transacciones, se quedó con el dinero y se hizo humo. Algunos rumores mencionaron que el tipo se había escapado a Venezuela. Mi padre fue uno de los tantos tontos que por ingenuos habían perdido su dinero y se quedaron sin terreno. Yo quería mucho a mi padre, pero me puse furioso porque no me hizo caso y por su terquedad perdí los 10.000 pesos, un dineral, que había ganado con mi trabajo en Comodoro Rivadavia.

De todos modos, mi enfurecimiento se fue disipando. Cuando regresé de la Patagonia sentía que mi vida era como un sueño y todas esas experiencias me llevaron por las nubes. Hice mis primeros viajes en avión y, a pesar de que el primer vuelo fue desastroso, disfruté mucho viajar y conocer cosas nuevas. Pude vivir la furia del viento patagónico que podía mover coches y edificios. Caminé y jugué con pingüinos en su propio ambiente. Conocí aborígenes originales como los araucanos y tehuelches; también aprendí como fueron explotados y maltratados. Tuve encuentros con americanos del norte y pude ver la codicia como también el racismo discriminatorio que llevan por dentro. Trabajé mucho y pude ahorrarme 10.000 pesos los cuales me hicieron sentir que era un muchacho rico. Y lo mejor de todo fue que tuve muchas experiencias enriquecedoras las cuales me impactaron en gran forma e influenciaron mis percepciones de la vida. ¡Y solo tenía 15 años de edad!

11

La Vida en Quilmes y en Suiza

El barrio residencial en Quilmes tenía una población diversa con gente proveniente de Italia, España, Polonia, Yugoslavia, Alemania, Portugal, Rusia, del Medio Oriente, y locales. Quilmes es hogar de una enorme cervecería de marca Quilmes y la cerveza es muy popular, aparte de ser sabrosa. La ciudad tenía en ese entonces un polígono de tiro al blanco donde uno podía practicar su puntería con rifles donados por el ejército donde tuve mi primera experiencia de disparar con un rifle, pero no me gustó el ruido y el olor a pólvora y solo fui un par de veces. Había dos equipos de futbol, uno de los equipos andaba en segunda y a veces en primera, el Quilmes Atlético Club, conocido como los cerveceros. El otro equipo, llamado Club Argentinos de Quilmes, era mucho más pequeño y jugaba en cuarta o tercera. Cerca de la cervecería hay un enorme parque conocido come el parque de los cerveceros y al lado del parque estaba el barrio alemán. Este lugar era muy limpio con casas bien cuidadas y muchos árboles. Me encantaba recorrer ese barrio y el parque en bicicleta lo que hacía con frecuencia.

Me acuerdo de que alrededor de los 14 años tuve la primera experiencia de estar expuesto a las diferencias entre religiones. A dos cuadras de casa vivía una familia de origen ruso donde había dos chicas muy bonitas, una de 18 y otra de 13 años. Hice un poco de amistad con la más joven a través de la escuela y tuve un gran metejón (enamoramiento) con la chica la cual me gustaba mucho. Le propuse de ser novios, pero me dijo "nosotros somos judíos y no estoy permitida de tener novios que no sean judíos." Yo me quedé herido por el rechazo, pero también muy confundido y frustrado por la explicación de que ellos no se podían mezclar por ser de una religión diferente.

Mientras tanto, seguí atendiendo el colegio en el atardecer y trabajando de pintor en barrios residenciales de la capital cerca de La Recoleta. Después del fracaso que mi padre tuvo al perder el terreno y ver la frustración que causó en la familia, él empezó a tener ideas de regresar a Italia. Se puso en contacto con algunos familiares y un sobrino que era sastre se comunicó con mi padre. Este primo era hijo del hermano de mi padre, siempre tuvieron buena conexión, y le informó que se había establecido en Suiza donde había mucho trabajo y se ganaba bien. Se aceleraron las comunicaciones hasta que mi padre hizo arreglos para irse a Suiza. aunque a mi madre le pareció una idea descabellada.

La economía en Argentina era floja y andaba de mal en peor. Mi padre, a pesar de que mi madre se oponía, pensó que lo mejor era irse a trabajar en Suiza donde su sobrino le aseguró que tendría mucho trabajo. A mediados del 1963 se embarcó para Napoli, pasó unos días en Carife, y se fue a Suiza donde, prontamente se puso a trabajar de albañil. Siempre pensé que mi padre fue motivado por el fracaso que tuvo con el terreno y el fraude que sufrió en manos de un estafador de bienes raíces.

Una vez que se estableció empezó a mandar dinero para sostener a la familia y para que pudiéramos hacer arreglos para irnos a Suiza. Mi madre siempre tuvo mucho recelo para hacer el viaje porque mi hermana ya estaba casada y acababa de tener una hija. La nena era la primera y única nieta por lo cual mi madre no deseaba separarse de ellas. Sin embargo, mi hermano Pablo y yo nos entusiasmamos tanto que decidimos viajar a principios de febrero del 1964.

Nos embarcamos en un buque transatlántico que nos llevaría de Buenos Aires a Napoli visitando varios de los lugares que vimos en nuestro primer viaje en 1953. Esta vez disfrutamos del viaje y lo usamos como una larga vacación. Mi hermano tenía 23 años y tres meses, yo 17 años y siete meses, dos muchachos jóvenes en busca de aventuras. El barco paró en Santos y Rio de Janeiro, Brasil. Pasamos un día en cada ciudad, pero lo que más recuerdo es el tiempo en Rio ya que era la primera vez que visité esta ciudad. Recuerdo de que era muy excitante con mucha gente caminando por el centro y había mucha alegría en el aire. Le gente era amable y me asombré al notar que los cariocas se podían comunicar con nuestro castellano porteño. Una de las cosas que más me encantó fue pasar la tarde en la playa de Copacabana donde disfrutamos del sol y la vista de muchas chicas en bikini. Comimos muchas frutas frescas y en particular pude saborear varios pedazos de piña o ananás que sabían a gloria. El sabor y olorcito de esa fruta siempre me han deleitado el paladar. También aproveché la oportunidad de beber el fresco extracto de caña de azúcar, bien verde y dulce, con un sabor de azúcar delicioso.

Después de Rio cruzamos el Atlántico encontrando varias tormentas con fuertes vientos y lluvia que nos tuvo muy asustados. Me acordé del primer viaje y pude pensar que después de los mareos, nausea, y vómitos, íbamos a llegar a tierra firme. Ese pensamiento me ayudó a tolerar la miseria de las tormentas. En un momento dado todo el barco se puso de fiesta para celebrar el cruce de la línea ecuatorial con mucho alboroto, música, y baile lo cual disipó en parte la azotada que nos dio una de las tormentas. En vez de tocar tierra en el continente africano, paramos en las Isla de Madeira, cerca de la costa oeste de África y que pertenecen a Portugal. Encontramos una bella ciudad portuaria, Funchal, con playas y montañas formado un paisaje que no había visto anteriormente. La gente era como en Brasil y hablaban muy parecido. Solo estuvimos una tarde y la usamos para pasear y buscar algo de comer. La parada en Lisboa, Portugal fue también algo corta y recuerdo pocos detalles, allí encontramos un jamón crudo que lo llaman igual que los italianos (prochuto), aunque en España lo llaman jamón serrano, muy sabroso con pan y queso. Sin embargo, al llegar a Barcelona en España, estuvimos un día entero. Una ciudad muy bonita con sus grandes paseos y avenidas; pasamos mucho tiempo recorriendo la Rambla y alrededor del mediodía nos dio ganas de almorzar con pizza. Buscamos una pizzería y caminamos muchas cuadras sin ver una, preguntamos a varias personas, pero nadie sabía que era una pizza. Yo estaba como en shock y no lo podía creer, no había pizzerías en Barcelona ni la gente conocía lo que era una pizza en el año 1964. ¡Tremenda sorpresa nos llevamos!

Una vez que llegamos a Napoli unos parientes vinieron a buscarnos y nos llevaron en coche a Carife donde estuvimos un par de días y después nos fuimos a Suiza. El viaje en tren empezó en Napoli y nos llevó a Lucerna, Suiza. Yo me pasé gran parte del tiempo mirando por la ventana para apreciar los paisajes. Antes del viaje me había informado leyendo revistas y libros sobre la geografía de Italia y Suiza. Me fascinó ver las fotos de los Alpes, las montañas más grandes y altas de Europa y yo las iba a cruzar. Después de salir de la estación de Milano, al poco tiempo aparecieron majestuosamente las inmensas montañas en la provincia de Como y me pregunté ¿*Cómo hará el tren para pasar todas esas montañas?* Mientras tanto mi cara estaba pegada a la ventanilla con ojos muy abiertos para absorber toda esa belleza.

A medida que el tren avanzaba, pude notar que se movía sinuosamente entre los valles con un verdor tan fuerte que contrastaba muy bien con los colores gris y marrón de las paredes rocosas. Me sorprendió que de repente el tren se metía en un túnel y todo era oscuro por un rato y súbitamente aparecía el sol, el cielo, y el tren bordeando una de las montañas por un lado y del otro lado enormes lagos de aguas cristalinas. A veces la montaña era tan alta que del tren no se podía ver el tope. Lo curioso fue ver que en varias áreas el verdor del pasto y las plantas llegaba alto en la montaña y había vacas pastando en la ladera de la montaña donde había espacios con los típicos chalets suizos que había visto en las revistas. Estando allí en persona, pude notar que las vacas tenían una campana colgada del cuello y el sonido de las campanas se oía en muchas partes a lo largo del viaje.

Mi primer viaje cruzando los Alpes donde el tren rodaba alrededor de las montañas y a veces entraba en túneles bien largos fue una experiencia que llenó mi corazón de alegría y asombro. He cruzado los Alpes muchas veces tanto en tren como en coche y cada vez el viaje me ha llenado de admiración y asombro. El estar allí me hace sentir una conexión con la naturaleza tan profunda que no la puedo describir con palabras. Quedé muy enamorado de todo el lugar viendo tanto verdor y las cúspides de las majestuosas montañas brillar iluminadas por el sol y el resplandor de la nieve. Mi experiencia suiza abarcó un periodo inicial que duró de marzo 1964 a noviembre 1967 y muchos viajes sucesivos que pude disfrutar tanto solo como con mi familia.

A pesar de que había completado en el colegio el curso de tenedor de libros y obtuve el diploma correspondiente, al llegar a Suiza el idioma me impidió trabajar en eso. Encontré trabajo como pintor de casas y me dediqué a eso durante casi cuatro años. El jefe que me dio trabajo solo hablaba el alemán suizo pero su esposa hablaba italiano y ayudó; además, un compañero de trabajo era italiano y mantuvo la comunicación con el jefe. De todos modos, yo tenía ganas y mucho interés de aprender el idioma, averigüé que en la escuela local daban clases de noche. Hice varios cursos donde aprendí a hablar, leer, y escribir alemán lo cual me ayudó a comunicarme mejor, a salir con chicas suizas y austriacas, y a tener experiencias de integración con la gente.

Unos meses después, mi madre y hermano menor salieron de Argentina llegando a Italia que era casi invierno. Se establecieron en Carife y luego a principios de 1965 se fueron a Suiza donde volvimos a estar juntos. Mi hermano Pablo consiguió un trabajo de tornero mecánico cerca de nosotros; sin embargo, al poco tiempo se fue a trabajar en la ciudad de Zúrich donde ganaba más y se quedó hasta que emigró a Nueva York en 1973. Nosotros vivíamos en un pequeño apartamento en Reinach, cantón Aargau. Guerino fue a trabajar en un restaurante a unos 20 kilómetros en la ciudad de Aarau donde al poco tiempo le dieron hospedaje y se quedó muchos años hasta que completó estudios de diseño/dibujo técnico y empezó a trabajar como técnico. Mientras tanto, mi padre continuó con su trabajo de albañil.

Mi madre mantuvo contactos frecuentes con mi hermana, sus dos hermanas, y la abuela. A ella no le gustó la idea de quedarse en Suiza y poco a poco empezó a convencer a mi padre de que la vida en Argentina era mejor para la familia y el trabajo era menos rudo. Ella deseaba estar cerca de su hija, nieta, madre, y hermanas. El trabajo de albañil en Suiza era mucho más duro y pesado del que él conocía en Argentina y poco a poco mi padre empezó a ver que la idea de mi madre tenía mérito. Yo trabajaba de pintor sin esperanza de hacer una carrera y Guerino trabajaba de lavaplatos en un restaurante y nos pareció mejor probar suerte en Argentina. Pablo estaba satisfecho con su vida y trabajo en Zúrich por lo que decidió quedarse. Yo mantuve la costumbre que desarrollé en Patagonia de trabajar y ahorrar. En diciembre de 1967 los cuatro volvimos a Argentina.

Al llegar, mi hermana consiguió un lugar de alquiler cerca de donde ella vivía hasta que pocos meses después con mi dinero y el de mi padre compramos una casa. Esta vez la casa fue comprada en nombre de los dos y me aseguré de que todos los documentos estuvieran en orden con escritura legal que nos daba el título de propiedad. Recuerdo de que mi padre discutió mucho sobre mi falta de "confiar en las personas" como también su forma ciega de confiar y no querer verificar las cosas. Con el tiempo, mi padre fue respetando mis instintos y a confiar en mis métodos de manejar nuestros asuntos. Sin embargo, debo reconocer de mala gana que heredé los genes de mi padre los cuales a veces me han hecho confiar demasiado. Me avergüenza decir que de alguna manera yo también acarreo una parte de la ingenuidad paterna.

Recuerdo que cuando trabajé de tenedor de libros mientras estudiaba psicología en la Universidad de Buenos Aires tuve una extraña experiencia. Estaba empleado en la oficina de un agente de la Bolsa de Acciones cerca de la Plaza de Mayo donde había varias personas trabajando y la oficina era administrada por el hijo del dueño. Éste era un tipo jovial, dinámico, y carismático quien parecía ganar muy bien con la compra y venta de acciones. Me habló de varias opciones y me ofreció participar en algunas de sus operaciones. A pesar de que no me gustaba poner mi dinero en juego, me confié e invertí 5.000 pesos que en ese entonces era una cantidad grande. En menos de cuatro meses mi inversión se hizo humo y no me quedó nada, el administrador también perdió unos 20.000 pesos, pero para él era parte del juego de las acciones. Nunca más confié en la bolsa de comercio ni me metí en acciones.

Al volver en Buenos Aires, me puse a estudiar para completar el bachillerato y a trabajar de pintor. Traté de animar a Guerino para que se pusiera a estudiar, pero él se sentía confundido, apenas tenía 18 años y no se decidía. Pocos meses después Pablo vino a visitar y encontró al muchacho triste y desubicado por lo cual le ofreció que volviera a Suiza. Los dos se fueron, Pablo continuó con su trabajo en Zúrich, y Guerino volvió a trabajar en el mismo restaurante donde aprendió a cocinar y lo pusieron como asistente cocinero. Al mismo tiempo, conoció varios jóvenes que estudiaban y se interesó en una carrera de diseño técnico porque a él siempre le gustó dibujar. Al completar los estudios consiguió un buen trabajo en una empresa muy conocida, la Braun Boveri, y mientras tanto siguió estudiando de noche. Después de años y sacrificios, Guerino se hizo ingeniero mecánico y empezó una carrera que le brindó muy buenos ingresos y una vida estable.

Mientras tanto en Argentina, me enfoqué en estudiar, conseguí un trabajo en una fábrica de plásticos, y me reconecté con mi amigo Gustavo. Él había completado la escuela comercial y trabajaba en contabilidad. No estaba satisfecho con su trabajo en una compañía estadounidense que fabricaba calentadores/calefones de agua. No le gustaba ver como esa compañía usaba las materias primas, recursos, e inversiones argentinas para después mandar las ganancias a la oficina central en Estados Unidos. Yo comparé esa experiencia con la que observé con el petróleo de la Patagonia y los dos sentimos gran frustración con ese estado de cuentas. Las conversaciones despertaron una inquietud. Él había comenzado a estudiar psicología y a tratar de entender por qué la gente cometía ciertos actos.

Mi amigo y yo tuvimos largas charlas acerca de carreras y deseos para el futuro. Mientras él ya estaba en la carrera de psicología, yo no me había decidido. Un día mi amigo me invita a un seminario sobre Sigmund Freud y el psicoanálisis. Atendiendo ese curso de un día, se me abrieron las puertas a un mundo donde pude ver y sentir que mi vida tendría más sentido. Pude notar que con estos nuevos intereses encontré una conexión con los deseos de explorar nuevos horizontes que impulsaban a mi padre a ir de un lado a otro buscando cosas mejores. Mis nuevos horizontes estaban en la mente humana.

Pienso que la predisposición genética de sentir pasión por explorar mundos nuevos, culturas nuevas o diferentes, y encontrar o conocer gente nueva fue lo que me impulsó a descifrar las funciones humanas. Empecé a sentir fascinación para descubrir el mundo intrínseco de la mente humana, el cerebro, y las maneras en que se conectan con la conducta observable de la gente.

Desde el día del seminario, decidí en forma determinante de que iba a estudiar una carrera en psicología. Comencé tomando cursos preparatorios hasta que fui aceptado en la facultad para estudiar la carrera en la Universidad de Buenos Aires a partir de febrero del 1972. A pesar de que me dediqué de lleno a los estudios, durante ese tiempo también trabajé con tiempo parcial en la oficina del agente de bolsa ya mencionada anteriormente. Continué estudiando y trabajando fuertemente hasta que, a fines de diciembre del 1973 emigré a los Estados Unidos.

12

Algunas Experiencias Estando en la UBA

Argentina vivió muchos periodos en estado de caos y zozobra y más aún cuando fue gobernada por la dictadura de las juntas militares. El periodo que me afectó directamente fue durante los años del 1966 al 1973 porque había regresado de Suiza en diciembre del 1967. Después de completar el bachillerato entré a estudiar psicología en la universidad de Buenos Aires a partir de febrero 1972. En esos años había muchas protestas organizadas por los sindicatos bajo la CGT y también por grupos estudiantiles universitarios debido a los tremendos abusos de la dictadura militar. Muchas veces las protestas eran frenadas por los soldados y se armaban terribles trifulcas con muertos y heridos. Los militares se la habían agarrado con los intelectuales a quienes convirtieron en enemigos del estado y los consideraban una amenaza porque instigaban rebeldía en contra del gobierno militar. La carrera de psicología se cursaba en la facultad de filosofía y letras donde estaban las carreras de sociología, filosofía, letras, literatura, historia las cuales eran acusadas de fomentar ideas subversivas. La facultad estaba en un barrio residencial diferente del resto del centro universitario en un viejo edificio sobre la Avenida Independencia.

Las tácticas usadas por los militares para crear caos y miedo en los universitarios consistían en hacer llegar repentinamente varios camiones llenos de soldados enfrente del edificio para bloquear la entrada y hacer entrar a los soldados gritando con armas en la mano. Supuestamente, estaban buscando individuos que para ellos eran los subversivos del día y al mismo tiempo creaban el pánico entre los estudiantes. La llegada de las tropas era con bastante frecuencia porque parte de la razón era interrumpir clases y el proceso educativo, cancelar por completo ciertas clases en medio del semestre, y así evitar que muchos pudieran graduarse.

Lo raro fue que, a pesar del desbaratamiento y trastorno creado por las interrupciones militares, me pareció un poco loco que disfruté mucho el tiempo durante el cual atendía la universidad. Hice unas cuantas amistades mientras aprendía sobre la mente humana y el comportamiento de las personas. Recuerdo en particular un muchacho judío, Mario Daian, que hizo muy buena amistad conmigo. Él era muy intenso y neurótico con sus estudios y a veces nos pasábamos noches enteras estudiando para los exámenes parciales o finales, pero otras veces salíamos a divertirnos con otros compañeros. Él fue quien me ayudó a conseguir el trabajo con el agente de bolsa cerca de la Plaza de Mayo.

Las clases tenían un componente teórico donde había numerosos estudiantes y un componente practico donde había entre unos 15 a 20 estudiantes y allí se formaban las amistades. Parte del aprendizaje se enfocaba en formar grupos de estudio de cuatro a cinco estudiantes diversos y presentar una monografía producida por el grupo. El grupo más efectivo que recuerdo fue el de psicología comprensiva donde estudiamos la parte más profunda de la mente y tuvimos algunas clases prácticas en un centro neuro psiquiátrico con pacientes hospitalizados. Este grupo de estudio produjo un proyecto y una monografía calificada sobresaliente que era más alto de excelente. Lo celebramos mucho con un regio almuerzo en el centro.

Los grupos se juntaban a estudiar en la biblioteca, en algunos bares, y también para tener tiempo libre de ocio para relajarnos, para ir al cine, o incluso para ir a una discoteca a escuchar música o bailar. Algunas veces nos íbamos de picnic o a escuchar una charla de alguien popular en nuestro ambiente estudiantil. Durante ese periodo también aprendí a disfrutar de los conciertos de jazz.

Los estudiantes eran de diversas clases sociales y pude conocer mucha gente más allá de mi barrio y de Quilmes. Muchos compañeros estaban dentro de mi nivel socio económico, pero otros eran de clase alta y andaban en su propio coche lo que era un lujo en esos tiempos. No me sentí intimidado ni discriminado por mis compañeros porque compartíamos el deseo de ayudar al prójimo a través de la psicología. Las amistades se basaban en que compartíamos los mismos intereses y teníamos una filosofía de la vida muy similar entre nosotros.

Durante las incursiones militares en la universidad los soldados detenían a algunos profesores o algunos estudiantes y los metían en los camiones para llevarlos a lugares desconocidos. Hubo muchas veces que me preocupaba atender clases porque les había agarrado miedo a los soldados y me venían imágenes de soldados agarrándome a la fuerza y subiéndome a un camión militar y dejándome tirado en medio de un campo. Estas imágenes estaban basadas en hechos reales que otros estudiantes me habían contado porque lo vivieron en carne propia. Recuerdo que en una de esas redadas los soldados detuvieron a mi amigo Gustavo, porque muchas veces agarraban estudiantes al azar, y se lo llevaron en un camión. Por suerte su madre conocía mucha gente y se puso a buscar afanosamente a su hijo. Después de intensas y vigorosas averiguaciones, encontró a Gustavo detenido en una comisaria por la capital y lo sacó de allí con gran alivio. Este incidente me tuvo muy preocupado por mi amigo hasta que llegó a su casa sano y salvo; también aumentó mucho más el miedo por lo que podría pasar conmigo. Creo que ningún estudiante universitario se sentía seguro en esos tiempos.

Otro episodio que recuerdo con pena fue el caso de un muchacho, hijo de un compañero de trabajo de mi padre, quien estudiaba ingeniería en la ciudad de La Plata. Él iba de Quilmes en tren y una mañana mientras caminaba de la estación del tren a la facultad pasó por donde había un grupo de soldados. Aparentemente, él se paró antes de cruzar la calle y sin más lo mataron a balazos. Los militares hicieron un reporte diciendo que el muchacho actuó de manera sospechosa en presencia de los soldados y se vieron justificados en abrir fuego. Lo que nunca se consideró fue que todo el mundo andaba con miedo y la gente se ponía nerviosa con la presencia de los soldados, lo cual me pasaba a mí también. Además, debido a los abusos nadie se creía la historia oficial ofrecida por la dictadura.

Antes de que mis padres emigraran a Nueva York ellos estaban con miedo y cada vez que me iba al trabajo o estudiar, me decían "por favor anda con mucho cuidado, ten los ojos abiertos, y no andes cerca de los soldados." Me imagino que muchos padres advertían a sus hijos de manera similar antes de salir de casa. Ese tipo de incidentes se daban con frecuencia y producían un malestar social nada fácil de soportar.

Recuerdo que en mi barrio se veían camiones militares circulado por las calles de manera lenta en busca de sospechosos, pero nadie sabía en qué consistía ser sospechoso. El sonido de los camiones militares hacía que la gente se encerrara en sus casas con miedo de ser vistos como sospechosos. Después que mis padres llegaron a Estados Unidos, noté que la presencia de los militares en el barrio se hizo más frecuente. El ejército había establecido un campamento en un área abierta, detrás del club La Soledad, a unos 800 metros de casa y eso aumentó la actividad. Algunos de los vecinos se veían aterrorizados por la presencia de los militares porque en algunas ocasiones los camiones se paraban, pienso qué al azar, delante de una casa y de golpe hacían un asalto tomando posesión de la casa y se ponían a interrogar a la gente que encontraban adentro. En otras ocasiones, se llevaban a alguien detenido. En mi opinión, esas tácticas eran para infundir miedo y obediencia en la población y mantener control.

Más de una vez observé camiones militares pasar por delante de mi casa mientras estaba encerrado y temblando adentro. Los miraba a través de las rendijas de las persianas bajadas en mi cuarto sudando gotas frías de miedo con la cara pegada al vidrio de la ventana. En esos momentos podía sentir gotas de sudor correr por mi frente hacia mis ojos, pasarme la mano y con ella mojada pegarla a la ventana mientras rezaba para que no se pararan delante de mi casa. Mi miedo venia del hecho que yo era estudiante universitario en la facultad de filosofía y letras y los militares consideraban a esos estudiantes subversivos. Pensé que ellos sabían que yo era un sospechoso y que en cualquier momento vendrían a detenerme.

Un día, mientras estaba en clase escuchamos pasos fuertes en el pasillo y voces gritando "los soldados están entrando, las tropas van a tomar el edificio, salgan, salgan." Se había llegado a un punto en que grupos de estudiantes activistas organizaban mini patrullas para avisar a los demás estudiantes de cuando había peligro. Apenas veían llegar los camiones daban la alarma y de esa manera muchos de nosotros hacíamos una evacuación rápida del edificio.

El salón de clase estaba en el fondo del edificio en una esquina del segundo piso y apenas escuchamos los gritos de alarma la clase se desbandó. Algunos de mis compañeros salieron al pasillo para correr mientras que otros optaron por salir a través de los ventanales que daban a un patio y a un pasillo entre los fondos de los edificios. Yo decidí irme con el grupo que salió por la ventana, bajé en un hueco de un metro de ancho y salí corriendo hasta llegar a la calle de atrás y desaparecer. Al otro día nos enteramos de que los soldados agarraron unos cuantos estudiantes, se los llevaron en los camiones, y los dejaron tirados en medio de un campo lejos de la capital. Esos fueron momentos oscuros en la vida del país.

En todo el caos y terror causado por la dictadura militar, es importante reconocer que los militares argentinos eran ayudados, sostenidos, y manipulados por el régimen en Washington, Estados Unidos. Durante ese periodo había un general argentino conectado con la embajada pero que estaba recibiendo entrenamiento especial en inteligencia militar y como combatir las insurgencias. Ese tipo preparado y entrenado por la C.I.A. fue nombrado presidente por alguien en Washington y enviado a Argentina para que presidiera sobre la junta militar. Ese tipo actuó como "presidente" del 18 de junio 1970 hasta el 22 de marzo 1971. Se llamaba Roberto Marcelo Levingston y los Yankees de Washington lo querían porque el tipo tenía un apellido anglo sajón. Con toda su preparación especial, este tipo no consiguió ejercer la supresión de los insurgentes ni controlar el gobierno militar; la junta lo sacó de la presidencia del país. A mí, nunca me gustó ese fulano porque era arrogante y presentaba una actitud típica de un tirano imperialista que se creía major de los demás, probablemente reforzada a través del entrenamiento recibido por sus compadres del norte. Recuerdo que su cara aparecía siempre con una sonrisa bien cínica.

Ha sido bien documentado el control que la gente en Washington ejercía sobre las juntas militares y de cómo el departamento de estado de Estados Unidos manipulaba, instruía, y dirigía a los generales. Basta buscar en los periódicos de la época. Hubo in tipo en particular, y por cierto bastante famoso, Henry Kissinger y su equipo de delegados, quienes enseñaron con instrucciones prácticas como eliminar gente y hacer desaparecer todo tipo de evidencia acerca de las eliminaciones (asesinatos) y de las violaciones de los derechos humanos. A pesar de que mis padres ya estaban en Estados Unidos y yo tenía admiración por ese país, sentí mucho odio hacia ciertos individuos estadounidenses que causaron tanto daño en Argentina.

Otro ejemplo de la interferencia y manipulación ejercida por el norte en América Latina fue el caso de Salvador Allende, presidente de

Chile entre el 1970 y 1973. Él pertenecía al partido socialista, fue elegido democráticamente, y ejerció la presidencia respetando la constitución y los derechos humanos del pueblo. Él trabajó con el congreso para nacionalizar las minas de cobre que estaban en manos de una corporación norteamericana, algo parecido a lo que esa gente hizo con el petróleo en la Patagonia. Eso trajo recuerdos más bien tristes en mi memoria cuando conocí la codicia de los norteños. Lo que Allende hizo causó tremenda reacción en la administración de Washington y como consecuencia la C.I.A empezó a trabajar con un grupo local de militares chilenos para derrocar Allende.

Los norteamericanos encontraron a un general muy interesado en tomar el mando, Augusto Pinochet, quien se ofreció a llevar a cabo la misión. El 11 de septiembre del 1973 yo estaba en clase en la facultad cuando Pinochet y sus tropas, conjuntamente con agentes especiales norteamericanos tomaron de asalto el palacio presidencial. Luego se supo que Allende había muerto bajo circunstancias muy sospechosas. Todos los estudiantes, yo incluido, reaccionaron con tanta rabia que nos pusimos a marchar desde la facultad hasta el centro protestando a gritos el abuso que había ocurrido en Chile. Yo me sentí furioso con lo que había pasado porque pensé que tanta injusticia no se podía permitir. Al otro día se organizó una marcha con otras facultades de la universidad y se protestó mucho en contra de la codicia y de las manipulaciones. Sin embargo, cuando los ánimos calientes llevaron a algunos marchantes a quemar banderas, yo me salí de la marcha y me alejé porque, en mi corazón, sentí que las cosas se estaban yendo de las manos y creí que no era el camino adecuado para protestar.

A pesar de tanto caos y eventos horribles que atravesé en esos años, pude mantener un cierto foque para seguir estudiando, hice varias amistades, disfruté de momentos especiales, y creo que me convertí en una mejor persona. Las intensas y extensivas experiencias me ayudaron a ser un buen observador del comportamiento humano, entender mejor las conexiones que existen entre una acción y la reacción, y descifrar con alguna claridad causa y consecuencias. Me envolví mucho con las dinámicas que existen en las interacciones humanas, las fuerzas ocultas que operan por detrás o por debajo de los actos, los motivos, y tratar de entender mejor porque la gente hace lo que hace. Pensé que rastreando y formando mapas de las intricadas maneras de la mente podría resolver los misterios de los enredos en que la gente se mete, y ayudar a que puedan manejar armoniosamente su vida diaria. En ese periodo temprano en mi carrera no me di cuenta de que la gran mayoría de la gente no cree ni acepta los resultados de los análisis que efectuamos. Poco a poco fui aprendiendo que los análisis deben ser manejados delicadamente usando mucha discreción y diplomacia.

Después de que me estableciera en los Estados Unidos, hubo un secretario de estado en Washington quien, de manera escandalosa e infame, convenció a un grupo de generales argentinos para hacerle la guerra a Inglaterra. Se aprovechó del hecho que los argentinos sienten que las Malvinas son argentinas mientras que los ingleses piensan que las Falkland son de ellos. El señor Alexander Haig supo convencer a los generales, los cuales en mi opinión sufrían de una ilusión psicópata combinada con una idiotez tremenda, de que Estados Unidos les ayudaría con la guerra. Esos generales que se creyeron los cuentos de manera muy estúpida eran también muy ignorantes de la historia y de la conexión norteamericana con los ingleses. El solo pensar que Argentina fue a la guerra creyendo que Estados Unidos estaría de aliado me causó tremendo malestar y un profundo disgusto hacia los militares. Entre el 2 de abril y el 14 de junio del 1982, cuando apenas acababa de nacer mi hijo, según ciertos reportes murieron innecesariamente 649 argentinos, 255 ingleses, y 3 isleños en una de las guerras más ridículas de la historia.

Debido a mis experiencias y conocimientos acerca de cómo las autoridades falsifican datos e información usando estadísticas corruptas, dudé mucho del cuento oficial. Al fin y al cabo, son casi todos cuentos. Basta pensar en el periodo de los desaparecidos y los reportes oficiales de la época que ofrecían las autoridades buscando de engañar a la gente. Estas son cosas que tal vez expliquen mi escepticismo. Parte de esa experiencia se reflejó muy bien en la película "El Reporte Oficial" acerca del tema de las manipulaciones y mentiras que los argentinos sufrieron bajo las dictaduras militares.

13

La Inmigración a los Estados Unidos

La hermana de mi padre, Angela, quien se había establecido en Brooklyn en los años 1950 obtuvo una visa para mis padres y ellos se fueron en el año 1972. La situación en Argentina estaba de mal en peor y pronto mis padres sacaron una visa tanto para mí, como para mis hermanos quienes estaban en Suiza. Arreglé algunos de mis asuntos, completé los cursos que tenía pendiente en la universidad, esperé que mi hermana se mudara en mi casa, y a fines de diciembre del 1973 viajé a Nueva York. Recuerdo que en Buenos Aires era verano y hacía un calor bárbaro con una temperatura de 30 grados. Carmelo pasó el día conmigo y me acompañó al aeropuerto de Ezeiza y estuvimos juntos unas horas hasta que me embarqué. Se portó muy bien. Al otro día cuando llegué a Nueva York encontré invierno con nieve congelada y una temperatura de unos cinco grados bajo cero. Yo fui preparado con un abrigo que en Buenos Aires se sentía pesado. Sin embargo, al salir de la terminal el viento congelante me informó de que el abrigo "pesado" terminó siendo liviano y no muy abrigador. Fue un choque bien grande.

Conseguí trabajo en una fábrica de artículos de electricidad para fines de enero y empecé a buscar la manera de entrar en una de las universidades. Mis hermanos habían llegado en noviembre y Pablo se fue adaptando mientras que Guerino no se sintió nada bien. Al poco tiempo él se volvió a Suiza donde tenía un buen trabajo como técnico mecánico y, después nos enteramos, había conocido una chica suiza, Susi, con quien se casó y tuvo una hija y un hijo.

Otro de los choques que recuerdo fue cuando a los pocos días de haber llegado mis padres prepararon bifes y churrascos en el asador del horno los cuales se veían muy bien. Sin embargo, al morder y empezar a masticar mi primer churrasco norteamericano sentí en la boca un sabor un poco asqueroso con gusto a químico plástico. Con sorpresa les dije a mis padres "que es esto que sabe tan mal, aunque se vea como carne normal, tiene un gusto desagradable como a química." Ellos se sorprendieron por mi reacción y después todos se rieron diciendo que en Nueva York la carne tenía el sabor norteamericano. Tardé entre tres y cuatro meses para acostumbrarme al sabor raro de la carne. Otro sabor raro al cual no me acostumbré es el del queso llamado americano; tiene un gusto químico, es procesado, y estoy convencido es preparado artificialmente en un laboratorio.

Una de las primeras experiencias extrañas que tuve fue la interacción con la tía y los primos de Brooklyn. A pesar de que me recibieron cálidamente y con brazos abiertos, noté que a ellos les extrañaba que yo me largara solo con el tren subterráneo para andar por la ciudad. Mi tía estaba sorprendida y temerosa como también los primos porque no podían entender que viniendo de un país que, para ellos era sin cultura ni civilización yo me pudiera manejar tan fácilmente. Encontré ideas similares en mucha gente donde algunos pensaban que Argentina era la tierra de las pampas salvajes. No podía creer la ignorancia que mostraban y muchos de ellos quedaban incrédulos cuando les explicaba que Buenos Aires era una ciudad grande casi como Nueva York y que tenía líneas de subterráneos muy limpias y eficientes. Desde que llegué a Estados Unidos he visto, escuchado, y sentido que para los norteamericanos todos los otros países son inferiores y están muy por debajo de ellos. Parece que la cultura se basa en rechazar con desdén a los demás.

Una de las cosas que para mí fue importante al llegar al país del norte fue ponerme a trabajar, tomar clases de inglés, y buscar la manera de continuar la carrera de psicología. Durante las primeras dos semanas recorrí muchas partes de la ciudad y encontré la famosa Washington Square en el barrio conocido como el West Village. La plaza estaba rodeada de edificios que forman parte de la New York University que se parecían mucho a la facultad donde tuve clases. Hice averiguaciones y me topé con una cubana en las oficinas de información quien me ayudó a inscribirme de febrero a mayo en un curso de inglés para extranjeros que me costó 500 dólares.

Fue un precio exorbitante y a pesar de que la universidad me gustó mucho, era muy cara. Intensifiqué la búsqueda y encontré otra universidad, CUNY, con facultades en varias partes de la ciudad. Exploré el Hunter College, ubicado enfrente del consulado italiano, y me inscribí en el segundo curso de inglés para extranjeros entre junio y agosto por el que pagué 100 dólares en vez de 500. El lugar era distinto, pero me gustó porque en unas de mis exploraciones conocí a una estudiante argentina y ella me presentó a un profesor de literatura quien también era argentino.

A pesar de la buena impresión que tuve en Hunter, cuando traté de transferir los cursos de la UBA y empezar a tomar clases regulares, me topé con empleados rígidos y racistas. Algunos de ellos discriminaban abiertamente a los estudiantes extranjeros. Me la pasaba buscando diferentes oficinas para obtener información acerca de los programas y como registrarme.

Un día llegué a la oficina central donde uno se registra y me encontré con un tipo flaco, alto, de pelo rubio y largo que tenía atado como una cola de caballo. Parecía un hippie desnutrido y de pobre higiene corporal ya que despedía un olorcito medio raro. Cuando le presenté los documentos de la Universidad de Buenos Aires los miró superficialmente y, con cierto desdén, me los devolvió diciendo "estos papeles aquí no valen nada y, para estudiar mejor vuélvete a tu país." Me dio tanta rabia y le discutí el concepto del valor que tenían los documentos, pero como el inglés que hablaba en ese entonces era limitado el tipo me ignoró. Me sentí insultado por su actitud y lo mandé al carajo diciéndole palabrotas en castellano más las que aprendí en alemán, italiano, francés, e inglés. Mi deseo en esos momentos era mostrarle que además de ser un ignorante era también una persona no culta. Le quise hacer sentir que, con su aire de superioridad, era un hippie asqueroso y que en fondo valía menos de una mierda.

Al terminar el acalorado enfrentamiento, el tipo se puso a atender a una estudiante que venía de España y que se expresaba mejor que yo en inglés. El tipo la trató muy mal y le dijo "vuélvete a España que aquí no vas a hacer nada" y la pobre se largó a llorar en forma desconsolada. Ese era el trato que los estudiantes extranjeros recibían al llegar al país. Decidí buscar en otras oficinas y volver otro día cuando ese animal asqueroso y maloliente no estuviera. Cuando me puse a recordar el incidente mientras escribía esto, una sensación desagradable recorrió mi cuerpo y me sentí asqueado a pesar de los años transcurridos. Sentí que la memoria era como un río desbordado el cual me arrastraba en su caudal hacia lugares dolorosos. Por suerte, consulté con el profesor Pelletier, el argentino, quien me asesoró mucho y me puse a tomar clases como estudiante no matriculado para no atrasarme demasiado en mis estudios. Cuando finalmente conseguí procesar los documentos de la UBA y registrarme oficialmente en Hunter habían pasado unos cuantos meses y no reconocieron todos los cursos por lo cual perdí otro año académico.

Después de tantas dificultades, me puse a reflexionar y a recordar que mi rumbo para completar una carrera universitaria estaba marcado con muchas piedras en el camino. La vida de estudiante comenzó a los siete años y medio, atrasado ya por dos. Luego tuve la interrupción al irme a Suiza cuatro años y al llegar a Estados Unidos perdí otro año académico. Por momentos, parecía que la jornada podría ser interminable. Gracias a una perseverancia y determinación que parecen natas, logré mantenerme sobre el camino correcto sin perder de vista la meta que había planeado. Además, siempre me sentí un luchador y pude superar muchas batallas.

Después de trabajar un año en la fábrica encontré un puesto en un gran depósito donde almacenaban y distribuían panfletos, libros, y materiales de promoción de la compañía de aviación Pan Am la cual desapareció con el tiempo. El puesto era para llenar ordenes que venían de las agencias de viaje en todo el país, empacar el pedido, y expedirlo a través de varios métodos de transporte. Al poco tiempo el jefe notó que mis habilidades eran avanzadas y me asignó la tarea de supervisar la llegada y el almacenamiento de los productos en cierto orden y mantener el inventario. También aprendí mucho sobre la distribución y transporte de productos lo cual produjo fricciones con algunos compañeros de trabajo porque tenían envidia, pero algunos mantuvieron una relación amigable.

Me mantuve en ese trabajo hasta que me di cuenta de que el jefe se aprovechaba dándome muchas responsabilidades sin un sueldo correspondiente al trabajo. Eso me molestó, y al ver que la cosa no cambiaba, me fui a buscar otro trabajo. Fui a parar en un estudio de abogados cerca de Wall Street donde me pusieron a cargo de las maquinas copiadoras de documentos y donde se distribuía la correspondencia. El grupo de abogados se asoció con otro grupo formando un estudio gigantesco que se mudó sobre Park Avenue y ocupó dos pisos en un edificio muy elegante que quedaba cerca de mi facultad. Recuerdo que uno de los abogados se interesó mucho en mí y me habló acerca de una carrera en leyes y asuntos laborales. Me consiguió materiales para que leyera y así tal vez cambiaría de rumbo. Me sentí elogiado, me gustaba el trabajo y la gente, pero no cambié de meta. Me quedé hasta graduarme en psicología, conseguí un puesto de asistente social para ayudar con consejería a padres y niños, y empecé una carrera para ayudar a la gente.

Con el tiempo fui notando que el sistema universitario en Estados Unidos estaba por debajo del nivel que conocí en la UBA. Cuando hablé de esto con otros estudiantes extranjeros, ellos también tenían la misma impresión. Me acuerdo de que, al principio, debido a que mi manejo del inglés estaba pobre, tomé dos cursos extras en dos semestres seguidos para desarrollar el idioma escrito. En esas clases había estudiantes extranjeros, pero noté que casi la mitad eran estudiantes estadounidenses quienes habían cursado la primaria y secundaria todo en el idioma de ellos y sin embargo eran los más flojos. Me sorprendió mucho porque no podía entender como era que si esos estudiantes, nacidos en el país, criados en el país, habiendo estudiado por doce años en inglés, tenían tantas dificultades a nivel universitario. Traté de indagar sobre eso, pero los profesores me miraron con cara rara y nunca me dieron una explicación; tal vez ni ellos tenían una respuesta.

Muchos años más tarde averigüé que hubo un período donde los directivos de la CUNY establecieron una admisión abierta a la universidad. Eso causó que muchos estudiantes entraron a estudiar en la universidad a pesar de que no habían alcanzado un nivel académico adecuado debido a flojedades en los estudiantes y a deficiencias educativas del sistema. El concepto empleado fue una acción política que trajo complicaciones negativas tanto en las facultades como en los estudiantes.

Cuando finalmente estuve registrado para continuar los estudios en psicología me asignaron un asesor académico. Resultó ser un puertorriqueño con un doctorado en psicología experimental, el profesor Álvarez se pudo conectar con mis experiencias de emigrante ya que, a él también lo discriminaban cuando llegó a Nueva York por primera vez. Me contó situaciones que para él eran mortificantes cuando entrando en una tienda, al ver que era latino, lo ignoraban. Él me ayudó a entender el mundo de la psicología porque noté que, el contenido de los cursos no se enfocaba en la mente humana.

Recuerdo de que un semestre tomé una clase llamada comportamiento o conducta sexual y me pareció interesante combinarla con una clase de psicoanálisis. Con gran sorpresa descubrí que la profesora de la clase se enfocó en aspectos fisiológicos y bioquímicos de las funciones sexuales en varios animales. Esa profesora planteó la sexualidad como una actividad al nivel bioquímico. Prácticamente, dejó de lado todo aspecto humano. Me recordó una clase que había cursado en la UBA donde aprendíamos sobre la teoría de Pávlov sobre estimulo, respuesta, y el condicionamiento de los perros. La falta de contenido humano en varias clases me desencantó tanto que me quejé con mi asesor. Él me sugirió que, debido a mis deseos e intereses humanísticos, debería explorar una carrera en trabajo social. Me informó que en Nueva York había universidades ofreciendo un master el cual preparaba a los candidatos por dos años en trabajo clínico y tener licencia para ejercer en psicoterapia. Averigüé con muchos detalles y me convencí de que el mejor camino para ejercer lo que me gustaba era hacer ese master y así fue. Dos años de estudios intensos que incluían tres días semanales igualando 21 horas de práctica clínica y dos días enteros de clases fueron necesarios para obtener mi primera licencia en psiquiatría social la cual permitía ejercer en el estado de Nueva York.

Después de mi primera clase durante el verano de 1974, comencé la odisea de registración y me anoté en dos clases sin matriculación. Conocí un grupo de estudiantes latinos quienes estaban preparando una obra de teatro de un autor español del cual no recuerdo el nombre. El grupo organizaba la presentación de una obra por semestre bajo el nombre "Teatro en Español" y siempre buscaban voluntarios para participar. La nueva obra se llamaba "La Doble Vida del Doctor Barnes" y se trataba de un psiquiatra que había empezado tratamiento con un paciente quien era un torturador para el gobierno durante la dictadura de Franco. Cuando el grupo se enteró que yo estaba en psicología me convencieron para que tomara la parte del psiquiatra. Lo interesante de la obra fue que el doctor ya tenía de paciente a una viuda porque su esposo había sido torturado por el nuevo paciente y el hombre murió asesinado en la cárcel.

Me encantó la idea ya que el tema tenía drama, intriga, y un dilema para el doctor. Cuando empezamos los ensayos, conocí a la chica que conquistó mi corazón, Amelia, quien era parte del grupo y hacia la parte de la viuda/paciente. Ella me gustó de inmediato con su pelo largo y de color cobre oscuro, vistiendo un chaleco verde oscuro y una boina negra se veía como una chica bohemia e intelectual lo que me pareció muy atractivo. Traté de hacer amistad, pero ella se mantuvo indiferente y se concentraba más con sus amigos. La escuché hablando de su verano en España y resultó ser gallega de la provincia de Pontevedra, su familia tenía un departamento en la ciudad de Vigo donde pasaban el verano. Durante los ensayos y la presentación de la obra ella se mantuvo distante y me dio la impresión de que yo no le gustaba.

En el semestre siguiente, ella estaba en una de mis clases que yo hacía extra sobre la literatura del siglo de oro español. El tema me gustaba y leía mucho sobre ese periodo lo cual me hizo participar mucho en las charlas de la clase. Fue entonces que Amelia empezó a tomar nota y a veces parábamos a tomar café con algún compañero. Me acuerdo de que un día nos quedamos solos charlando en el bar y noté que le gustó mucho nuestra charla. Sentí chispas entre nosotros. La invité a salir y aceptó; me sentí en la gloria porque cada día que pasaba me gustaba más. Empezamos a salir con mucha frecuencia y nos hicimos novios. Ella había nacido en una aldea, Villar, cerca de la frontera con Portugal y emigró a Estados Unidos a los cinco años con sus padres, Jorge y Otilia, su hermano Valentín de cuatro, y su hermana Marina de tres.

Me contó que su padre, hijo de gallegos, había nacido en Buenos Aires cerca de Plaza Congreso y vivió allá hasta los cinco años cuando los padres se volvieron a España. Su Padre volvió para hacer el servicio militar en Argentina y después de estar un año viviendo con un tío y trabajando, regresó a España. Empezamos nuestro noviazgo en febrero 1975 y nos casamos en agosto 1976. Nos divertimos mucho viajando a España, Portugal, Italia, Suiza, y Argentina como también visitando los estados de Pennsylvania, New Jersey, Virginia, y California. Del matrimonio nacieron Robert en 1982 y Cristina en 1987 los cuales llenaron nuestra vida y disfrutamos muchísimo viéndolos crecer.

Tuve la buena suerte de que le caí muy bien a mi suegro, Jorge, porque como había nacido en Argentina sintió que teníamos muchas cosas en común. Me hablo mucho de las penurias que sufrió durante el servicio porque hablaba un castellano diferente, se burlaban de él, y lo llamaban gallego. Al terminar el servicio fue a vivir con un tío en Vicente López, consiguió trabajo en la cafetería El Tren Mixto en Plaza Constitución donde se quedó trabajando como un año antes de volver a España. Siempre hablaba con nostalgia de sus días en Argentina. Recuerdo de que cuando Amelia y yo fuimos a Buenos Aires localizamos la casa sobre la calle Rodríguez Peña donde los padres de Jorge vivieron y sacamos algunas fotos. Al regresar a Nueva York le llevamos esas fotos a Jorge y él se emocionó mucho. Me dio mucha alegría ver como él valoró y apreció nuestro gesto.

14

Años Universitarios en NY y Escuela de Graduado

A pesar de que sufrí y tuve que aguantar mucha discriminación, los años de estudios en la universidad y en la escuela de graduado donde hice el master fueron positivos y me dieron suceso. Tuve que aprender a mantener la distancia de los cerdos racistas que usaban expresiones como "chanchito de india" para referirse a los italianos lo cual era un insulto muy desagradable. Para insultar a los españoles y latinoamericanos usaban "spik" como insulto que para ellos significaba diminuto y asqueroso hacia todos quienes eran considerados spanish. A mí, me llamaron de ambas formas aparte de ser ignorado o a veces me decían que tenía que largarme de aquí y volver al lugar salvaje de donde salí. Mi habilidad de usar distanciamiento como defensa me ayudó a evitar peleas como también situaciones nefastas o desagradables. Aparte de conocer y casarme con Amelia, hice amistad con tres muchachos quienes también atendieron la universidad. Los tres eran ecuatorianos. Uno de ellos, Jorge, estudió petroquímica y al terminar sus estudios, sus padres le insistieron que se volviera para hacer su carrera en esa rama la cual estaba surgiendo en el país. Otro de los muchachos, Francisco, vivía en Brooklyn y fue un buen amigo, compartimos tiempo juntos. Después de casarse y tener dos hijos, la esposa quiso que se mudaran a California y allá se fueron. Después de un tiempo el volvió a visitar su familia y nos juntamos para tomarnos una cerveza y recordar los buenos tiempos.

El tercer amigo, Darvis, vivía en Queens y estudió fotografía. Él era muy amigo de Amelia desde el comienzo de la universidad y participó en el grupo de teatro en español. Él fue soldado en el ejército estadounidense durante la guerra de Vietnam y había quedado afectado por las batallas y por el uso de marihuana que le hacían fumar a los muchachos en el frente. El ejercito usaba ese método para tener a los jóvenes soldados medio aturdidos para que se pudieran meter en batalla. Fue un periodo bastante asqueroso en la historia americana.

Darvis y yo nos hicimos muy amigos, tenía una novia en la universidad y mientras yo estaba de novio con Amelia los cuatro salíamos mucho y pasábamos buenos ratos disfrutando de varios paseos por el parque o los museos. A mitad de su carrera, mi amigo decide cambiar de universidad y se transfiere a una localizada en Oswego, al norte de Nueva York sobre el lago Ontario, en la frontera con Canadá. Como yo trabajaba y estudiaba, me había comprado un coche y el día de la mudanza para Oswego, nos fuimos los cuatro para llevar a Darvis a su nuevo domicilio, el cual estaba dentro del campo universitario. Emprendimos el viaje al caer la tarde porque era de unas 14 horas en carretera. Después de unas dos horas, se vino una tormenta de viento y agua tan fuerte que de golpe se puso de noche, truenos y relámpagos azotaban la zona y caía tanta agua que no se veía la carretera. Me paré en un costado y esperamos más de una hora, pero la tormenta continuaba con furia. La novia de Darvis propuso que fuéramos a la casa de sus padres la cual quedaba cerquita y fuimos para allá. Nos secamos, comimos algo, descansamos dos o tres horas hasta que la tormenta paró y nos pusimos en marcha con cuatro horas de retraso llegando casi al mediodía.

El campo universitario era bellísimo con edificios modernos rodeados de árboles, y un pasto bien verde que daba la impresión de estar en un parque sobre un lago tan grande que parecía un mar. Una vez que Darvis completó el proceso de activar su registración nos fuimos de paseo para encontrar un lugar para dormir y nos quedamos un par de días visitando los alrededores, el lago, y el enorme campo universitario. Nos gustó tanto el lugar que unos meses más tarde Amelia y yo visitamos a nuestro amigo, pasamos unos días disfrutando los paseos y charlando. En nuestra boda, Darvis fue el fotógrafo. Lamentablemente, cuando él completó los estudios decidió mudarse a California para hacer su carrera de fotógrafo y no lo volvimos a ver.

Cuando estaba completando los estudios de psicología en el Hunter College de la CUNY, conseguí un trabajo de asistente social/ consejero en una agencia que ofrecía servicios residenciales para niños desamparados o que eran víctimas de abuso y negligencia. La agencia tenía sus oficinas en el sur del Bronx, pero las residencias estaban en un bonito campo de varios edificios rodeados de árboles en Rockland, una hora al norte de Nueva York. Una vez por semana estaba en las oficinas del Bronx atendiendo a los padres y hermanos de los niños internados, pero los otros días me tocaba ir a Rockland. Mantuve el trabajo de enero 1978 hasta agosto 1978 porque a fines de agosto de ese año entré en el programa del master y no pude continuar trabajando.

Recuerdo a un niño de nueve años que atendí durante siete meses quien estaba en la residencia porque su madre había desaparecido, un evento frecuente en ese periodo. El padre estaba en Puerto Rico, pero tenía un hermano en Nueva York. Localizamos al tío quien acepto tener contactos y hacer que el niño pasara algunos fines de semana con él y su esposa. El pobre niño estaba tan necesitado de cariño que se apegó tanto conmigo que empezó a llamarme tío Victor. Conseguí que el niño y su tío verdadero se conectaran, pero la esposa del tío no mostraba interés. Ella insistía de que el niño debería irse con su padre.

A principios de julio Amelia y yo planeamos ir de vacaciones y a conocer Puerto Rico. Fuimos a pasar ocho días de descanso y turismo porque a fines de agosto entraba en el programa intenso del master y quería disfrutar una vacación. Al mismo tiempo decidí aprovechar el viaje para encontrarme con el padre del niño. Amelia me apoyó con el plan y me acompañó en un coche que alquilamos a visitar el centro de servicios sociales en San Juan. Allí, con los datos que tenía del padre una asistente social lo ubicó en los datos porque había un caso pendiente contra el padre por negligencia. El señor tenía esposa y cuatro niños, vivían en una chacra en un campo lejos de la ciudad, obtuve todos los datos para poder tener un encuentro cara a cara con el padre. Antes de ir, visitamos varios pueblos y playas, disfrutamos del hotel sobre la playa para que Amelia sintiera que estábamos de vacaciones.

Al cuarto día nos fuimos a buscar el campo donde vivía el padre y tardé casi dos horas en ubicar la chacra. Amelia se quedó en el coche a unos 100 metros mientras yo hablé con el padre y observé el estado en que vivía. El hombre estaba mal vestido con ropas viejas, arrugadas, y un poco sucias; la esposa y los cuatro niños se veían igual. A pesar de mis mejores intenciones para reunir al niño con su padre, me di cuenta de que no era un buen plan. Incluso, cuando llegó el momento de la verdad, el propio padre dijo que su hijo estaría mucho mejor con el tío en Nueva York. Me dio mucha pena ver la pobreza en que esa familia vivía y estuve de acuerdo para ayudar al niño en adaptarse a vivir con su tío.

A pesar de estar desilusionado con el encuentro, fuimos a bailar y al casino donde perdí unos 150 dólares jugando a la ruleta. Disfruté los demás días de vacaciones saboreando comidas típicas como el pernil, paseos en la playa, nadando en un mar de aguas cálidas y azules, y viendo algunos shows. Recuerdo que, caminando por el viejo San Juan encontramos un restaurante gallego donde comimos un caldo gallego muy rico parecido al puchero. Otro día almorzamos en un restaurante español con comida de Castilla y probé los medallones, trozos de lomito asado a la parrilla que estaban deliciosos. Cuando viajo me gusta encontrar y probar cosas nuevas, pero a veces uno descubre que se parecen a lo que es conocido.

Cuando regresé al trabajo, primero tuve una conferencia con la supervisora acerca del encuentro con el padre y ella estuvo de acuerdo para cambiar el plan. En las pocas semanas que me quedaban, hablé con el tío y su esposa. Al escuchar las pobres condiciones en que encontré al padre, a la mujer se le mojaron los ojos y aceptó participar en algunas sesiones de terapia familiar con el niño para ver cómo podían ayudar en una integración familiar para que el niño dejara de estar desamparado y de sentirse abandonado. Sin darme cuenta, mi deseo de ayudar me metía en situaciones más allá de mis limites por el afán de querer resolver los problemas del mundo; otra característica y muestra de la fantasía de rescate que me afectó mucho al principio de mi carrera.

El diploma universitario en psicología de Estados Unidos sirve para trabajar en el campo como ayudante o asistente. Se requieren unos cuatro años más de estudios avanzados en una escuela de graduado para empezar un trabajo independiente. Debido a eso y a mi interés de trabajar en forma directa con personas de manera humanística, elegí entrar en la escuela de graduado para obtener el master en trabajo social. Este programa es muy estructurado y requiere dos años de tiempo completo donde uno pasa dos días por semana en el campo académico y tres días semanales haciendo práctica de intervenciones clínicas.

En los fines de agosto 1978 entré en el programa ofrecido por la New York University, conocida como NYU de manera muy intensiva y por lo tanto no pude continuar trabajando. Debido a un poco de suerte, al hecho de que ya tenía algo de experiencia, y era fluente en el idioma español, conseguí una beca que aparte de cubrir los gastos universitarios en los miles de dólares, me dieron un sueldo de 300 dólares mensuales. El primer año la práctica clínica lo hice en las oficinas del centro municipal sobre asuntos de niños abandonados y maltratados. El centro formó una unidad de ocho estudiantes con una profesora quien nos supervisaba y enseñaba como intervenir en los casos asignados a nuestro grupo. Me fue muy bien ya que me recordó muchos de los prácticos que hice en la UBA. Al final del primer año, el grupo tuvo que preparar un proyecto que fue presentado al departamento de bienestar social para niños en Washington donde fue bien recibido. Con eso, me renovaron la beca para el segundo año.

Debido a mis propias inquietudes y necesidad de ganarme algo más de dinero, también conseguí un trabajo asistiendo en una investigación acerca del impacto que los niños sufren al ser abandonados y maltratados por los padres. La profesora de la cátedra de investigaciones sociales estaba llevando a cabo el estudio entrevistando a jóvenes adultos ente los 20 y 35 años de edad y le dio trabajo a un pequeño grupo de estudiantes. El sueldo de Amelia, el sueldito de la beca, más lo que fui ganando en la investigación, dieron la posibilidad de pasar vacaciones en Argentina a fines del año 1978. Pasamos tres semanas fabulosas con la familia y también acordamos la venta de la casa en Quilmes y hacer que mis padres pudieran regresar a Nueva York.

Mis padres habían vuelto a vivir en Argentina en 1977 porque mi padre pensó que allí podría trabajar unos años más y jubilarse con la pensión que recibiría a través del gremio de la construcción. Sin embargo, no le fue nada bien porque las condiciones económicas que encontraron eran muy malas. El dinero de la venta lo usamos para pagar el anticipo en una casa que compramos en Astoria, Queens que estaba preparada con dos departamentos, uno para mis padres y otro para Amelia y yo. Mi padre se reconectó con el constructor que lo empleó antes y volvió a trabajar hasta que se jubiló en Nueva York. Después de eso, también pudimos procesar una jubilación en

Italia donde le reconocieron los años de servicio militar y los que pasó durante le guerra. Para hacer esto último, tuve que ir con mi padre a Italia donde estuvimos casi un mes con los trámites. Por suerte, mi primo Paolo se había establecido en Roma y nos ayudó mucho con un abogado local para tramitar las varias peticiones.

El segundo año de práctica clínica lo hice en un centro de rehabilitación para muchachos entre los seis y 17 años de edad con intensos problemas mentales y de comportamiento. Esos chicos tendían a actuar en forma descontrolada. Aquí, donde los pacientes estaban internados entre nueve meses y dos años, pude aprender muchas técnicas de intervenciones para manejar, ayudar, y rehabilitar jóvenes que no podían ser tratados en clínicas externas. El lugar estaba localizado a unos 30 kilómetros al norte de la ciudad en las colinas, en un grupo de casas y edificios organizados como un pequeño pueblo. El centro estaba tan satisfecho con mis intervenciones clínicas y la habilidad con la que formaba lazos terapéuticos con los jóvenes que, antes de yo completar el programa del master a fin de mayo, me dieron empleo en marzo y me empezaron a pagar un sueldo para que pudiera continuar con el trabajo clínico. Me quedé allí otro año y medio.

15

El Comienzo de Mi Vida Profesional

Los años que pasé en el programa de graduado me reconectaron con el deseo de aprender acerca del comportamiento humano y las funciones de la mente. Las clases en teorías psicoanalíticas como la de psicopatología me dieron información que para mí fue tremendamente profunda. Sin embargo, las clases de práctica e intervenciones fueron fantásticas y las disfruté muchísimo. Recuerdo que la intensidad del programa me empapó tanto y me ayudó a darme cuenta de que estaba conectado productivamente con esa inquietud interna e impetuosidad que desde joven sentí estaban dentro de mí. Debido a esas condiciones, siempre sentí que uno debería poner de su parte el 100% o más para tener suceso en la vida. Cuando empecé a trabajar en la primera clínica externa, debía mantener datos y estadísticas de los servicios ofrecidos a los pacientes y pude notar que en mi trabajo había un 110% de producción. También recordé una de las cosas que mi padre me inculcó cuando me decía "cuando uno hace un trabajo, tiene que hacerlo bien y verificar que esté bien hecho."

Durante el primer año, el profesor de clases prácticas Dr. Schachter, fue mi ídolo y se convirtió en el modelo a seguir como profesional. Su manera calma de explicar y su voz sólida, me inspiraron mucho. Seguí sus teóricas y las conversaciones de grupo con esmero ya que siempre se referían a casos y eventos muy relevantes. Nunca olvido el énfasis que él ponía en la necesidad de integrar la teoría con la práctica, buscar la mejor manera de hallar a la persona dentro de la situación, y observar el medio ambiente que rodea al individuo en orden de efectuar un análisis comprensivo y efectivo.

Este concepto se convirtió en la fórmula para ejercer el arte psicoterapéutico para ayudar a sanar o aliviar los males psíquicos de los seres humanos. Fue muy importante entender como el individuo ve y percibe el mundo que lo rodea, se relaciona con ese mundo, y trata de darle sentido. Para sobrevivir, la gente necesita darles sentido a las cosas y al mundo que tiene alrededor. Mientras uno observa ese proceso fenomenal, al mismo tiempo uno tiene que reconocer y revisar las teorías que podrían explicarlo y dar luz al misterio. Admiré mucho al profesor Schachter y aspiré alcanzar el nivel profesional que emanaba de él. Durante ese proceso, descubrí que en general los seres humanos tratan de darle sentido a las cosas. Sin embargo, cuando el mundo que nos rodea no tiene sentido se forma un caos dentro de la mente. Otras veces es la mente que no conecta con la realidad externa y el mundo aparece caótico.

En mi opinión, un buen y efectivo profesional en el campo psicoterapéutico es quien emplea el uso de su propio yo como herramienta y lo usa conscientemente de manera cognitiva. La reacción e información que recibí de las personas que supervisaron mi trabajo clínico como también de muchos de mis pacientes, me dieron la pauta de que estaba funcionando al nivel que me había propuesto. Muchas veces sentí gran satisfacción en saber que las enseñanzas impartidas por mi ídolo dieron buenos resultados y pude utilizar el conocimiento de manera efectiva y productiva en beneficio de los pacientes. Esas experiencias me llenaron el alma y el corazón de satisfacción por haber logrado alcanzar mi meta.

Durante el internado práctico del primer año me tocó trabajar con niños y familias que, debido a muchas disfuncionalidades, los niños estaban a riesgo de ser separados de los padres. Nuestra tarea era la de prevenir, dentro de lo posible y razonable, quitar los niños de sus hogares. Recuerdo el caso de una familia con cinco niños en el barrio este en el bajo de la ciudad que vivía en pobreza. La hija mayor de 16 años había quedado encinta y se fue de la casa para estar con su novio. Los niños más pequeños estaban muy descuidados por lo que la oficina de servicios sociales podría sacar esos niños de la casa. Sin embargo, se decidió que mientras una colega se encargaba de ayudar a la madre, me asignaron que localizara a la chica de 16 años debido a que estaba embarazada.

A través de muchas averiguaciones, localicé al novio y empecé a tener conversaciones con el muchacho quien temía que mi búsqueda era para encontrar a la chica para sacarle el bebé. Después de varias charlas, el muchacho tuvo cierta confianza y me explicó que su novia vivía en un edificio abandonado donde también se encontraban muchos desamparados o adictos. Mi supervisora asignó que fuera a ese lugar con una colega para hablar con la chica y hacerla entrar en razón. Mi compañera y yo fuimos varias veces hasta que, con participación del novio pudimos tener la primera charla.

El edificio estaba en ruinas, con paredes rotas, pisos y puertas destartalados, lleno de ratas y cucarachas, y un penetrante olor a orina y excrementos. La chica estaba casi de siete meses y las condiciones del lugar elegido por esa chica eran causa de alto riesgo y peligro. Ella no había iniciado un cuidado prenatal y ayudamos a que comprendiera la necesidad de que ella se cuidara para que el bebé naciera sano. Después de varias sesiones, la chica aceptó nuestra ayuda y empezó a usar una clínica con servicios de pre-maternidad y de ayuda psicosocial. Coordinamos nuestros servicios con los de la clínica, el novio consiguió un cuarto amueblado para mudarse en un lugar limpio con uso de baño y cocina, y la chica tuvo su bebé sin miedo a que se lo quitaran al nacer. La estrategia/técnica de usar dos personas, una masculina y otra femenina, en este caso ofreció la manera más rápida y efectiva de ayudar a la joven pareja resolver una situación difícil.

El internado clínico del segundo año en el centro de rehabilitación para muchachos tuvo muchos momentos llenos de satisfacción al ver que los chicos se conectaban conmigo y en vez de violencia, expresaban su enojo con palabras. Me gustaba plantear situaciones donde los chicos, con guía preparada, ensayaban o practicaban como expresar rabia o sentimientos negativos verbalmente para luego convertirlos en algo positivo.

Sin embargo, recuerdo un chico de once años quien trabajó intensamente para reducir una gran rabia hacia sus padres por tenerlo "encerrado" en nuestro centro. Él se había hecho la idea que un cierto fin de semana los padres vendrían a sacarlo de paseo y llevarlo a la casa por un par de días. Traté lo mejor que pude acordar con los padres el plan. Sin embargo, a última hora los padres cancelaron, el chico se puso furioso, y se la agarró conmigo porque no podía mostrarles a sus padres como estaba afectado por esa decisión. Mientras yo estaba de almuerzo en la cafetería del centro, el chico entró por la ventana y desbarató mi oficina; además de eso, desinfló las cuatro ruedas de mi coche como para decirme que, si él estaba estancado allí, yo también estaría estancado. Con ayuda del jefe de mantenimiento del centro, pude manejar el coche hasta el pequeño taller que tenían, por suerte no había pinchaduras y pudimos inflar las ruedas.

Otro recuerdo fuerte que tengo del periodo en que estaba haciendo el segundo año de practica fue debido a un choque en la carretera mientras estaba en camino. Por lo general durante la hora pico de la mañana siempre hay mucho tráfico. Una mañana de primavera durante el año 1980 mientras atravesaba el Bronx en el carril del centro, un tipo venía haciendo cambios de línea con rapidez. Por el espejo retrovisor noté que un coche andaba de la línea izquierda a la central y luego a la derecha. En un momento dado vi el coche a mi derecha y de golpe aceleró para cruzar de la derecha a la línea central pero no había espacio para meterse. El tipo se quiso meter y golpeó mi coche con tanta fuerza, debido a su alta velocidad, que el cual voló hacia la línea izquierda y chocó contra la barrera de cemento que separa la autopista. Por suerte los coches que venían detrás frenaron y no me chocaron. El coche quedó destrozado y yo muy aturdido con fuertes dolores en todo el cuerpo por el impacto. Con gran sorpresa pude abrir un poco la puerta y salir tambaleándome. En todo eso pude ver que el coche que me había golpeado se iba volando hacia la salida, pero terminó estrellándose contra un árbol.

Como entre sueños debido al aturdimiento, recuerdo que a los pocos minutos llegó la policía y usaron el coche patrullero para bloquear la línea izquierda para evitar que algún coche golpeara al mío. Pararon el tráfico y me llevaron a la salida donde estaba el coche agresor para que identificara si era ese quien me había golpeado y pude hacer una identificación positiva del coche. El conductor estaba en esposas y parecía estar muy intoxicado, sin embargo, negó haber sido y se puso a gritar profanidades cuando se lo llevaron arrestado. Vino una grúa y me llevaron con ellos cuando remolcaron el coche para dejarlo en un depósito hasta que el seguro se encargara. Seguía aturdido y me fui al hospital para una examinación, por suerte solo encontraron que sufría del impacto en el cuello, me pusieron un soporte en el cuello y me mandaron a casa. Por varias noches tuve muchas pesadillas del accidente reviviendo una y otra vez el impacto.

Pocos días después del accidente me hice una examinación más a fondo y el medico encontró algo extraño en cuello donde se encuentra la tiroides. Me refirió a un especialista quien estableció, después de varios exámenes, que la glándula tenía una parte endurecida y había que operar. Después de la operación el especialista me explicó que había calcificación y cortaron la mitad afectada. También me dijo que esa condición aparece en individuos de ciertas áreas mediterráneas y que él siendo italiano había conocido muchos casos parecidos. Durante ese periodo, estábamos en proceso de comprar nuestra casa en Astoria. Recuerdo que a mediados de julio 1980, cuando fuimos a cerrar la compra y recibir todos los documentos de la hipoteca más el título de propiedad, estaba recuperándome de la operación. Nuestro abogado nos tuvo que llevar en su coche a las oficinas donde hacer el trámite. Mis padres se alegraron cuando nos mudamos al nuevo barrio porque era una mezcla de griegos, italianos, yugoslavos, y algunos irlandeses. Incluso, había algunos vecinos con quienes se comunicaban en italiano.

Mientras trabajaba en el centro, hice muchos contactos con clínicas externas para conectar a los chicos cuando les daba de alta y volvían a sus hogares para continuar recibiendo servicios de salud mental. Tenía buen contacto con una clínica en Astoria a menos de tres kilómetros de casa y un día la directora me ofreció un puesto como psicoterapeuta y acepté. El trabajo era lo que estaba buscando y cerca de casa donde podía llegar en poco tiempo usando el bus local. Mientras trabajé en esta clínica tuve la oportunidad de conectarme con algunas universidades que buscaban profesionales para funcionar como instructores de campo para los estudiantes que hacían el master como lo había hecho yo. A los pocos meses me asignaron una estudiante quien vendría a la clínica tres días por semana y tuve que tomar un curso de preparación para ser licenciado como instructor universitario. Me encantó ser instructor y supervisor lo cual lo hice por muchos años en diferentes lugares.

A través de otros contactos, obtuve un puesto como asesor estudiantil en una universidad con la facultad de trabajo y asistencia social en Manhattan donde iba una vez por semana. Este trabajo me gustó muchísimo y lo mantuve por tres años. Recuerdo a un muchacho afroamericano de 21 años quien requería extra atención. Por lo general, él era callado e introvertido durante nuestras conferencias y me tocaba extraerle datos e información. El muchacho estaba estudiando una carrera que requería establecer contactos de manera profunda para ayudar a personas con una gran variedad de problemas. Sin embargo, él era de poco hablar, a veces parecía estar de mal humor, y evitaba hablar de sus planes educativos. De repente dejó de asistir a clases y me puse en contacto con sus padres. Su madre me informó que el muchacho tuvo una descomposición causada por una depresión nerviosa, fue hospitalizado por un par de semanas, y estaba en tratamiento psiquiátrico. Le expliqué a la madre que cuando el muchacho se sintiera mejor él podía resumir las clases, la señora me agradeció los contactos y la información. Al siguiente semestre retornó a tomar clases.

Al poco tiempo de empezar a trabajar en la clínica, la coordinadora se marchó porque se mudó a New Jersey. La directora me pidió que tomara el puesto y así me dediqué a coordinar los servicios de la clínica, supervisé a dos terapeutas y a un estudiante haciendo la práctica, y mantuve activa mi psicoterapia con niños y adultos. A pesar de que disfrutaba el trabajo y me sentía a gusto, el sueldo no era muy bueno. Me enteré de que la oficina de salud mental del estado de Nueva York pagaba sueldos que eran un 30% más altos, inicié una búsqueda y llené varias solicitudes. Tomé una serie de exámenes y obtuve un puesto en el centro psiquiátrico de Queens donde me licencié en psiquiatría social y trabajé con pacientes sufriendo de profundos disturbios mentales. Al año y medio, el centro psiquiátrico de niños que estaba a tres cuadras puso anuncios que buscaban profesionales que fueran bilingües con fluencia en español. Hice una solicitud y después de varias entrevistas y nuevas examinaciones, obtuve un puesto con un rango más alto y mejor sueldo.

Desde mucho tiempo atrás sentí que trabajar con niños era más satisfactorio y disfrutaba mucho la terapia con niños. Al empezar a trabajar en mi nuevo puesto, me especialicé en terapia de niños a través de muchos cursos y talleres que el centro y algunas universidades ofrecían. Muchas de las técnicas nuevas se basaban en el juego e intervenciones no verbales que los niños podían usar con poca ansiedad y me dediqué de lleno a eso, pero mantuve la terapia con algunos adultos en mi consultorio privado. Debido a que mis ingresos habían mejorado y mi hijo Robert ya tenía dos años, busqué una casa mejor, más grande, y en un lugar con espacio al aire libre. La encontré en Wantagh, Long Island y en el verano de 1984 nos mudamos.

El trabajo en el centro psiquiátrico de niños tenía como enfoque proveer terapia de apoyo y mejoramiento en el comportamiento de los niños. La mayoría de ellos presentaban síntomas de conducta y muchas dificultades de aprendizaje. El centro tenía el componente psiquiátrico y educativo con clases para los niños internados y una escuela para niños que venían por siete horas diariamente. Yo era miembro del equipo psiquiátrico y atendía niños en la parte externa. La escuela operaba bajo una perspectiva diferente a la clínica y recuerdo tener fricciones con algunos miembros escolares porque ellos se enfocaban en ver a los niños como mal educados y malcriados. De todos modos, a través de muchas conferencias multi disciplinarias, alcanzábamos a formar un plan de intervención que ayudara al niño.

Recuerdo el caso de un chico de 12 años que la supervisora me pidió le diera atención especial. El chico reusaba venir a la escuela, tenía asignado uno de los mini buses escolares para recogerlo por la mañana y llevarlo de vuelta a casa por la tarde. Cada vez que el bus llegaba, el chico tenía ataques de pánico y le daba un pavor que asustaba a los padres. Mi tarea era ir a la casa para hablar con los padres y conectarme con el chico. La familia vivía en una zona empobrecida donde había grandes edificios con cientos de familias conocidos como "proyectos" donde había violencia y crimen. Poco a poco gané la confianza del chico y durante la tercera visita/sesión escuché sonidos que parecían disparos. La familia vivía en el cuarto piso y me acerqué a la ventana para ver que estaba pasando. El chico se puso ansioso y con pánico en sus ojos me agarró de la mano para alejarme de la ventana. Me explicó que había muchos tiroteos y las balas podían llegar por la ventana. Pude ver como el miedo lo tenía casi paralizado y eso era lo que le impedía salir al patio del frente a jugar o para subir al bus escolar. El miedo permeaba todo su ser y temblaba mientras los disparos siguieron por casi 10 minutos.

Los padres estaban tan asustados como el chico y me pidieron que me quedara un buen rato hasta que la policía hiciera su parte y las cosas se calmaran. Tuvimos unas charlas largas y abiertas acerca de la situación y pude sentir el miedo y la preocupación en toda la familia. El chico insistió que no bajara solo y el padre me acompañó hasta que me senté en mi coche. Volví varias veces con mucho cuidado cuando dejaba el coche estacionado y tuve unas sesiones aclarativas para reducir la ansiedad en todos ellos. Mientras tanto, coordiné un par de conferencias para hacer planes realísticos en este caso. Acordamos que la escuela ofrecería un programa de dos horas diarias con un maestro que fuera a la casa para proveer educación mientras que una vez por semana continuaría el apoyo psiquiátrico. Al estar envuelto en el tiroteo pude valorar y analizar mejor el pavor del niño. Me di cuenta de que forzarlo a venir a la escuela no daría ningún resultado positivo. Primero, el chico debería desarrollar un sentido de seguridad interna que le permitiría paso a paso, en compañía de alguien, llegar a salir fuera de la casa y del edificio para así poder usar el bus.

Mientras el plan marchaba bien, el centro había organizado un servicio nuevo por el cual un equipo iría a dos escuelas para proveer apoyo a niños con dificultades mentales. La directora de la sección donde trabajaba se puso de acuerdo con el director del distrito escolar y se formó un equipo que incluía un médico psiquiatra, un psicólogo, un licenciado en psiquiatría social, y una asistente para ayudar con el papeleo y asuntos administrativos. Como ese puesto me interesó mucho, hablé con la supervisora y ella arregló que me entrevistara con la directora. Ambas me apreciaban y valoraban mucho mi trabajo, por lo tanto, obtuve ese puesto nuevo y el chico que mencioné fue asignado a uno de mis colegas.

16

Expansión Profesional

Después del caso que ilustré en el capítulo anterior, fui a trabajar con el equipo conocido como servicio en escuelas donde atendíamos niños de cinco a diez/once años en una escuela primaria y niños de 11 a 15 en una escuela intermedia. Este programa era parte de los servicios externos del centro que incluía un hospital, una escuela de primer a octavo grado, servicios de apoyo a la comunidad, una clínica, y un programa pre escolar para niños de cuatro y cinco años. En esos años el gobierno del estado y de la ciudad de Nueva York ofrecían muy buenos servicios. Participé en el nuevo equipo por seis años hasta que lo cancelaron. Durante ese tiempo aprendí muchísimo trabajando con los niños en las escuelas públicas en barrios residenciales, interactuando con muchas maestras, y tomando cursos y talleres para desarrollar mejores técnicas.

Las maestras y el equipo de apoyo dentro de la escuela trabajaron en colaboración con nuestro equipo el cual estaba en la escuela para evaluar, asesorar, y dar tratamiento clínico o psiquiátrico. Los niños con dificultades profundas eran referidos para que nuestro equipo interviniera. Recuerdo un caso en la escuela intermedia de un chico colombiano de once años quien llevaba poco tiempo en los Estados Unidos. El chico hablaba muy poco inglés y no se comunicaba bien. Los maestros notaron que era muy callado, pero a veces reaccionaba con furia y atacaba a sus compañeros. No se sabía mucho sobre el chico quien vivía con una tía. Me entrevisté con la tía quien informó que el niño fue traído de Colombia por un pariente porque había sido abandonado por los padres. La madre era la hermana de esta tía. En la casa vivían la tía con su esposo, un hijo de nueve años, una hija de siete años, el chico, y otro señor quien fue presentado como un tío. El chico tenía dificultades en la casa y a veces se ponía furioso con sus primos y les pegaba causando que los tíos lo castigaran con golpes. La tía se asustó cuando le expliqué que las leyes en Nueva York prohíben pegarles a los chicos y se meterían en un problema con la ley de continuar con ese método. La tía dio permiso para hacer una evaluación completa del niño.

Hubo otras entrevistas con la tía para obtener un historial y me trajo al otro "tío" quien, aparentemente, sabía más información del chico que la propia tía. Indagando con ciertas preguntas, descubrí que este tipo no era pariente sanguíneo, pero lo hacían pasar como tío lo que produjo ciertas sospechas. El niño fue entrevistado por todo el equipo, pero yo indagué y averigüé muchos datos a medida que el chico me tomó confianza y se sintió comprendido. Me contó que el tipo le daba dinero a la tía, que en la casa compartían cuarto y la misma cama, y que el tipo lo abusaba sexualmente.

También me informó que estaba asqueado de vivir y le daban ganas de tirarse delante de un bus en marcha para matarse. Esta última parte la tomamos muy en serio y el chico fue hospitalizado. Durante el proceso, hice un reporte al sistema central de protección de niños, la policía tomó acción, y el tipo fue arrestado por abuso sexual de un menor. Lo más extraño en todo esto fue ver a la familia ponerse furiosa en contra del chico por haber traído a la luz ciertas verdades. Hicieron falta varios meses para que la familia pudiera recapacitar sobre los eventos que estaban afectando tan seriamente al chico y las reacciones negativas que ellos tenían en contra del niño.

Lamentablemente, la directora de los programas que incluían los servicios en la escuela se jubiló. La oficina estatal que cubría los servicios de higiene o salud mental nombró a la sucesora a través de favores y cuña política que se hablaron y planearon detrás de puertas cerradas. La persona que tomó el cargo no mostró ningún interés en nuestro programa y a los pocos meses declaró que el presupuesto no daba para mantener los servicios en las escuelas y los canceló de los libros. Después de seis años de trabajo ejemplar y elogiado por muchas personas en el distrito y en las escuelas las cuales escribieron cartas de apoyo para mantener el servicio, todo fue ignorado por la nueva administración. Me dio mucha pena y rabia que hicieran eso. El psicólogo que trabajaba conmigo renunció a las pocas semanas. A pesar de que yo tenía especialidad en trabajar con niños entre cinco y once años, el centro me asignó un puesto con la sección femenina de adolescentes internadas. En esa área, las pacientes eran entre los 16 y 18 años y la mayoría de tamaño enorme con tallas de un metro ochenta a dos metros y unos cien kilos o más. Estas pacientes estaban encerradas debido a condiciones psicópatas con comportamientos agresivos y destructivos los cuales causaban muchos incidentes donde alguien salía herido.

Recuerdo que uno de los psiquiatras fue agredido durante una consulta y quedó herido de tal forma que estuvo un par de días en el hospital. Cuando regresó al puesto varias semanas después del incidente siempre exigía que una de las asistentes estuviera presente cuando tenía consultas. Hubo otro caso de un psiquiatra que fue agredido de tal forma que estuvo incapacitado y fuera del trabajo por seis meses. Había retornado unos días antes de yo empezar en ese puesto y me tocó estar con él cuando hacía sus consultas y exigía de tener la puerta de la oficina abierta. Muchas veces le tuve que hacer las cosas porque se ponía nervioso y no podía enfocarse. Siempre sentí un cierto temor en el aire lo cual me tenía intranquilo y temeroso.

Debido a que la administración central del centro ignoró mis pedidos para que me trasladaran a la sección de niños, el miedo de ser víctima de una paciente con arranque de rabia me hizo buscar empleo en otras áreas. Me sentía vulnerable y muy incómodo trabajando en esas condiciones y, aunque el sueldo y los beneficios eran muy buenos, renuncié a mi puesto. Conseguí un trabajo como coordinador en una agencia que trabajaba con niños abandonados o desamparados por los padres. Esta agencia era grande y ofrecía una variedad de servicios. Yo estuve en el área donde los niños estaban en hogares de crianza y dábamos servicios de apoyo. Tenía a mi cargo dos asistentes sociales y un grupo de seis estudiantes que estaban cursando clases en el programa de graduado haciendo su práctica. El trabajo era muy intenso, sin embargo, disfruté mucho dando supervisión y clases de práctica a los estudiantes por dos años. Debido a muchas incomodidades de transporte que afectaron las horas que podía dedicar a mi consultorio privado, me fui después de dos años cuando encontré un puesto en un hospital psiquiátrico a 15 minutos de casa.

Este hospital era conocido en el área y acababa de abrir una sección para niños pre adolescentes entre los cinco y doce años. Buscaban un profesional con experiencia y especialidad en niños y al entrevistarme me pidieron que me hiciera cargo de la sección. Compartía el manejo de la división de niños con una enfermera quien era muy estricta y sufría de una obsesión por mantener control. Eso causó muchas fricciones entre nosotros y se me fue el interés de seguir batallando. Al año y medio me fui a trabajar para una clínica en Brooklyn como supervisor y asistiendo a la directora. Me encantó trabajar con un equipo de profesionales latinos donde también había una psicoterapeuta italiana que hablaba español. Esta clínica era parte de una organización puertorriqueña que tenía clínicas de salud mental en cuatro condados y una en Puerto Rico. A los pocos meses mi directora estaba muy satisfecha con mis habilidades y de la manera que manejaba el trabajo por lo cual me recomendó para tomar las riendas en la clínica de Queens porque el puesto de director había quedado vacante. La administración central me asignó el puesto y estuve allí unos tres años.

El trabajo era variado y ofrecía oportunidades para seguir aprendiendo más allá del nivel clínico. Una de las actividades que disfruté muchísimo fue la de organizar, planear, y ejecutar proyectos sobre el impacto que el aire ambiental dentro de las casas tenía en las personas, pero en particular en los niños. Aprendí que el aire que uno respira tiene partículas que afectan los pulmones y el cerebro. Trabajando en conjunto con otros profesionales en el campo, descubrí que la mayor parte del polvo en las casas contiene plomo y al ser respirado/inhalado por los niños pequeños causa toxicidad en la sangre que después afecta las habilidades de aprendizaje y otras funciones neurológicas. En otro estudio/proyecto notamos que, mucha gente latina del caribe, practican ciertos ritos o ceremonias usando materiales que contienen mercurio el cual tiene mucha toxicidad y afecta el cerebro.

Un proyecto que me tomó unos dos años fue promovido por la agencia federal sobre la protección del ambiente conocida como EPA. Nuestro centro recibió un presupuesto y me dieron el proyecto. Trabajé con un par de asistentes y otras personas en otras agencias para hacer un estudio sobre el gas radón. Cuando intenté entrar en las escuelas para medir el nivel que podría existir dentro de los edificios escolares, ningún director me permitió hacer mediciones porque temían consecuencias negativas. Por lo tanto, me limité a estudiar casas y ciertos edificios donde me permitieron entrar. Aparte del estudio que llevaba a cabo en Nueva York, otros grupos lo hacían en Miami, Chicago, y Albuquerque con presupuestos parecidos. Cada seis meses nos reuníamos en Washington para reportar el progreso logrado con el estudio y pasábamos unos días con todo pago. Me fascinaba hacer esos viajes y charlar con personas de otras áreas del país y comparar notas.

Como parte de los proyectos, y teniendo todo pago, también tuve que participar en conferencias que se dieron primero en Santa Fe, Nuevo Méjico, y otra en San Juan, Puerto Rico donde pasé una semana en cada una. Allí me tocó presentar el proyecto y dar una conferencia sobre lo que hallamos y las dificultades encontradas debido a la resistencia de muchas personas en permitirnos hacer mediciones para ver cuál era el nivel de toxicidad ambiental. Empecé a leer e interesarme sobre la salud ambiental y el impacto que tiene en la salud física y mental en las personas. Una de las cosas que más me preocupó fue la toxicidad del plomo y el efecto sobre las habilidades de aprendizaje. Eso me hizo conectar con algunos psicólogos escolares quienes mayormente hacen muchos estudios psicométricos de los niños en las escuelas. A través de varias investigaciones, encontré que el nivel del cociente intelectual era bajo en ciertos niños que venían de viviendas donde había mucho polvo el cual contenía plomo.

En el viaje a Santa Fe, visité Albuquerque y ciertas áreas me recordaron partes de Ezpeleta y Quilmes donde las condiciones eran más bien pobres. Me enteré de que, al norte de Santa Fe, a unos 120 kilómetros, en una zona llamada Taos había una reservación de indígenas. Con un colega que compartía mi interés en conocer cómo vivían esos indígenas, alquilamos un coche y nos fuimos a visitar el lugar. El viaje fue curioso porque cerca de la ciudad era terreno montañoso, pero al poco tiempo nos vimos en un terreno pelado, rocoso, y llano que era parte de la meseta central de esa región. De vez en cuando vimos algunos cactus que surgían del terreno rocoso y chato.

Cuando llegamos encontramos un poblado de casas hechas de adobe con una pobreza bien acentuada. Los pobladores se veían letárgicos con una expresión facial que reflejaba depresión, tristeza, y desgano. Los ojos vidriosos indicaban un alcoholismo que es rampante en esas poblaciones. Todo eso me trajo recuerdos de mi experiencia en Patagonia cuando visité lugares donde había indígenas. Al salir de ese lugar, mi colega y yo sentimos mucha tristeza por lo que captamos en esa población. Me dio rabia ver la injusticia con la cual tratan a ciertos grupos los cuales son desposeídos de su modo de vida.

Parte del trabajo que hacía en la clínica me puso en contacto con muchas escuelas de la zona y formé algunos contactos. Fui aprendiendo como era el sistema escolar y empecé considerar un trabajo en la escuela. Extrañaba mi trabajo directo con los niños, sentí que eso me daría más satisfacción y era mejor que el trabajo administrativo. La burocracia del sistema escolar era tremenda y tardé dos años en procesar mi solicitud que incluía las huellas digitales con las que averiguaban si uno tenía algún delito o asunto pendiente con las autoridades. Finalmente, en agosto del año 2000 me ofrecieron un puesto en el distrito 30 de Queens y en septiembre empecé mi carrera en las escuelas haciendo evaluaciones psicosociales, dando consejería y terapia usando varios juegos, asesorando a las maestras, y ayudando a los padres que tenían conflictos con los chicos.

CAPITULO

17

Desarrollo y Crecimiento Clínico

Mi trabajo como psicoterapeuta en varias clínicas externas de salud mental me ofrecieron experiencias enriquecedoras desde el punto de vista clínico. Muchas de ellas desafiaron mis conocimientos y, a la vez, fueron educativas ya que aprendí acerca de mi mundo interno y me hicieron explorar sentimientos como también estructuras psíquicas. Siendo aún joven en mi carrera, me encontré con un paciente quien era un chico de once años, hijo de padres griegos que habían emigrado como lo habían hecho mis padres. La situación me recordó mucho mis años escolares en Argentina. Ese chico presentaba muchos problemas de conducta, no se adaptaba al sistema escolar, y tenía un temperamento fuerte y a veces explosivo; al hablar con él y explorar sus sentimientos me puse en su lugar cuando me decía que los chicos se burlaban y él les pegaba.

Recordé muchas de mis propias situaciones como las veces que por rabia y venganza le pegué a unos cuantos por haberse burlado. Al principio se me hizo difícil distinguir mi historia y la del chico lo cual me enredó bastante. Como yo había usado tirar trompadas cuando me hacían rabiar, sin darme cuenta hablé y expliqué las cosas desde ese punto de vista en vez de traer claridad y separar los conflictos que era míos de los que eran del chico. Por suerte, la directora que era mi supervisora clínica me ayudó a desenredar esos conflictos al enfrentarme con las ideas que salían de mi experiencia con las que salían de lo que presentaba el chico. Este proceso requiere tiempo, paciencia, y mucha reflexión. Poco a poco fui aprendiendo la diferencia entre mis sentimientos y los de otros, puse mis asuntos en perspectiva, eso me ayudó a facilitar que el chico aprendiera a expresar su rabia en forma verbal en vez de forma física o violenta.

Recuerdo una situación con un muchacho de 20 años quien dejó una fuerte impresión. Él sufría de impedimentos cognitivos ya que a su edad solo pudo alcanzar un nivel académico de tercer grado y hacía poco había completado estudios en una escuela especializada. Debido a su condición y a una ansiedad que se manifestaba con gritos mientras se paseaba de un lado a otro con mucho nerviosismo, no pudo obtener empleo. La madre estaba desesperada porque ya no sabía cómo hacer con él y lo trajo a la clínica para que recibiera un tratamiento para la conducta. El muchacho empezó sesiones conmigo y al poco tiempo se conectó de manera fuerte. Me habló mucho de sus frustraciones, participó cuando ensayábamos varias situaciones donde él debía observarse y corregir su manera de reaccionar. Por un tiempo las cosas fueron mejorando ya que los episodios de nerviosismo y gritos en casa se habían reducido. Sin embargo, un viernes por la tarde se presentó en la clínica con un bolso y me explicó que en su casa nadie le entendía por lo tanto decidió irse a vivir en mi casa porque yo le entendía y le hablaba de manera comprensiva. Insistió mucho en mudarse conmigo y no volver a su casa.

Pude comunicarme con su madre quien vino a la clínica para aclarar la situación. Hubo una fuerte discusión con el padrastro, su medio hermano, y la madre donde él se sintió rechazado. Durante la sesión conjunta, la madre pudo seguir mi guía y explicarle de manera calma que ella lo quería. El muchacho se tranquilizó y aceptó volver a casa con su madre; el proceso duró más de dos horas. Después de ese incidente, la madre aceptó un referido a un programa que el estado ofrecía llamado Instituto de Rehabilitación donde las personas mayores de 20 años atendían de lunes a viernes por siete horas diarias. El lugar daba apoyo y preparaba a los participantes, a través de varios talleres, para algún empleo basado en sus habilidades. El muchacho se puso contento cuando empezó el programa y me agradeció mucho todo lo que hice por él.

Recuerdo otro caso de un niño se de seis años. La escuela refirió al chico, quien estaba cursando el primer grado, porque presentaba problemas de conducta que eran severos. El niño se ponía nervioso con mucha facilidad y empezaba con gritos, se tiraba al suelo revolcándose y tirando patadas; a veces escupía y mordía a sus compañeros. El equipo escolar le hizo una evaluación y le asignaron una clase especial con doce niños, una maestra de educación especial, y una ayudanta. A pesar de que el niño recibía consejería, su conducta era tal que pidieron ayuda psiquiátrica en nuestra clínica. En los exámenes el niño salió con un cociente intelectual de 126, muy superior. A los pocos meses la madre dejó de traerlo a la clínica porque pensó que no era necesario.

Cuando ese niño llegó a fines del tercer grado, le hicieron exámenes nuevos y su cociente intelectual había bajado a 101, una pérdida significativa de 25 puntos. La madre se preocupó y volvió a consultarnos. Para ese entonces yo no pude atender al chico debido a que mi puesto había cambiado para supervisar y entrenar a otros psicoterapeutas. Por lo tanto, asigné a una psicoterapeuta para que trabajara con el chico bajo mi supervisión. A medida que fuimos conociendo el proceso de los últimos dos años, pude hacer un análisis de las experiencias del niño. Al estar en una clase especial de doce niños, el currículum es reducido y las expectativas académicas son bastante bajas. Las tareas no son exigentes, y los estudiantes producen menos trabajo y de inferior calidad; el énfasis es en manejar la conducta. En mi opinión, esos factores causaron el desliz en su habilidad intelectual.

Otra experiencia clínica que fue impactante la tuve unos años más tarde cuando fui a trabajar en una clínica en Long Island a pocos kilómetros de casa. El lugar era de buena reputación y habían empezado un programa para tratar casos de incesto y abuso sexual de niños. Tenían como requerimiento que todos en el programa debían participar en un curso de nueve meses en la Universidad de Columbia. El curso era en parte teórico y gran parte práctico donde teníamos que exponernos y enfrentar nuestros sentimientos acerca de niños que fueran violados o usados sexualmente por adultos. No fue nada fácil, pero pude completar el curso y me dieron un diploma con certificación. Estaba muy interesado en tratar niños o niñas que habían sido abusados. Sin embargo, debido a que yo era hombre y las demás terapeutas eran mujeres me pidieron casi rogando que me encargara de evaluar y atender a los individuos que habían cometido el abuso. Poco a poco entrevisté a más de una docena, preparé dos grupos y empecé la terapia. Puse lo mejor de mi parte, con mucha empatía y sin embargo no pude continuar escuchando la perversión que esos individuos presentaban. A veces, durante las sesiones me venían deseos de agarrarlos a palos en vez de hablar con comprensión; otras veces sentía asco y me costaba verlos como hombres regulares. Analicé todos esos factores en mi supervisión y al fin dejé el trabajo. Había encontrado mi telón de Aquiles.

Otra experiencia que recuerdo de los tiempos en que era director de una clínica en Queens dejó una fuerte impresión. Una vez al año se acostumbraba a tener un día para que los padres llevaran a su hija al trabajo, coordinado por las escuelas. Como mi hija Cristina ya había estado en el trabajo de la madre, ese año quiso venir al mío cuando tenía nueve años. La presenté al personal y se entretuvo hablando con algunas de las personas; después la puse que se entretuviera en la computadora mientras yo atendía otras cosas. En un momento dado, una de las psicoterapeutas vino a mi oficina para avisarme que su nuevo paciente, un hombre hispano de unos 35 años, estaba llorando y decía que se iba a matar. Mi hija escuchó parte de la conversación y paró las orejas. Cerré la puerta de mi oficina y me entrevisté con el paciente junto a la terapeuta. El paciente insistió en que al salir de la clínica se suicidaría porque no quería vivir más.

El protocolo en esos casos es llamar al 911 de emergencia para que manden una ambulancia. En Nueva York viene la ambulancia y por lo menos un patrullero con dos policías, pero a veces llegan tres patrulleros, en esa ocasión vinieron dos. Al llegar los paramédicos y la policía hubo un poco de revuelo, pero me mantuve a cargo y el paciente cooperó con todo el proceso y estuvo de acuerdo en irse con la ambulancia porque se quería morir. El tumulto llegó a los oídos de mi hija quien abrió un poco la puerta para ver como el paciente fue puesto en una camilla y los paramédicos se lo llevaron. Noté lo que estaba haciendo y me pareció un poco asustada, enseguida fui a hablar con ella para tranquilizarla y se calmó. Me hizo muchas preguntas acerca de porque el hombre se quería morir y tuve que explicarle sobre las emociones y como algunas personas no saben manejar los sentimientos. Ella quedó muy impresionada por el trabajo que su padre desempeñaba y la manera de ayudar a la gente en crisis. Mi hija me dio a entender que no estaba asustada sino impresionada al ver a un hombre llorando y con deseos de morir. Tuvimos muchas charlas acerca de mi trabajo y me contó que en la escuela habló con mucho orgullo de su experiencia en mi oficina por la cual ella aprendió muchas cosas nuevas. También me dijo que sus compañeras quedaron muy asombradas al enterarse que ella pudo presenciar esa crisis con los paramédicos y la policía.

18

Vida Como Esposo y Padre

Cuando me encontré con Amelia por primera vez, estábamos envueltos en una obra teatral que un grupo de estudiantes en la universidad, llamado Teatro en Español, ofrecían cada semestre. Ella acababa de regresar de unas vacaciones estaba charlando con sus amigas sobre el viaje. Yo era nuevo en el grupo y no me conocía, al principio me ignoró y se concentró con sus amistades. Ella se veía muy bonita con su aire de bohemia intelectual, pelo cobre oscuro y largo, una boina negra, y un chaleco verde oscuro. Me sentí muy atraído hacia ella, pero no se interesó y mantuvo un poco de distancia. Por suerte, en el semestre siguiente estaba en una de mis clases sobre literatura del siglo de oro español. La materia me gustaba mucho y me mantuve activo en las conversaciones de la clase. Me di cuenta de que empezó a notarme y entramos en conversación durante y después de la clase. Una tarde fuimos a tomar un café y sentí que había chispas entre nosotros, nuestras conversaciones se hicieron más íntimas y empezamos un noviazgo.

Cuando llegué a Estados Unidos, mi nombre en los documentos era Vito y en clase me llamaban así. A pesar de que todos mis amigos me llamaban Victor, ella siempre me llamó Vito. Al hacerme ciudadano, hice que mis documentos tuvieran los dos nombres. Sin embargo, durante toda nuestra vida juntos, ella siguió llamándome Vito porque lo encontraba más íntimo. Pasamos horas charlando de historia, geografía, filosofía, y muchos asuntos sociales. Un día, ella me dijo que se enamoró de mi por la barba y por el cerebro. Le gustaba escucharme cuando en clase exponía mis puntos de vista. Ella se convirtió en mi mejor amiga, sentí una conexión espiritual muy profunda la cual fue correspondida, y a los 18 meses nos casamos durante un día muy caluroso a mediados de agosto durante el año de la celebración del bicentenario norteamericano. Ella no había sido bautizada en la iglesia católica y nos casamos en la capilla de las naciones unidas. Años después cumplió con los requisitos católicos y nos casamos por la iglesia antes de que tuviéramos niños.

Nos establecimos en un bonito departamento, pequeño, con un dormitorio en Corona, Queens muy cerca del parque llamado Flushing Meadows donde pasamos muchas horas paseando. Nos gustaba caminar entre los árboles, disfrutar del sol, y a veces nos sentábamos debajo de un árbol para comernos un rico helado. Ella continuó estudiando para completar el master en inglés como segundo idioma mientras trabajaba en la oficina de la escuela intermedia Mabel Beacon en Manhattan. Por mi parte, trabajé en un centro de distribución de folletos, libros, e itinerarios de Pan Am Tours y completé mis estudios en Hunter College. Entré a estudiar para hacer el master en trabajo social en NYU y ella me apoyó mucho durante los dos años que necesité para completarlo. Los primeros años estuvimos bastante ocupados estudiando y trabajando, sin embargo, encontramos tiempo para salir y divertirnos yendo a cenar, a bailar, al cine, o al teatro, y viajando. Cuando completamos nuestras metas educacionales y estábamos trabajando en puestos decentes, decidimos tener hijos. Con mucho entusiasmo y cariño recibimos a Robert en marzo 1982 y después a Cristina en junio 1987.

Cuando vi a Robert por primera vez en el hospital sentí una intensa alegría y tuve una sensación extraña porque mirando a mi hijo me pareció ver a mi padre en él. Todo fue una mezcla de sentimientos raros porque sentí que mi padre estaba en mi hijo. Esa primera impresión ha quedado grabada en mi mente de manera imborrable. Nuestra vida de pareja cambió a medida que nos enfocamos en ser padres. Después de que nació Robert, nos llevó más de un año antes de dejarlo al cuidado de mis padres y salir a cenar y ver una película en uno de los cines de la zona. Nunca nos lamentamos de ser padres y de tomar la gran responsabilidad de criar a nuestros hijos. Disfruté muchísimo el ser padre y no tuve dificultades en ir cambiando las prioridades. Sentí que dentro de mi hubo una transformación natural que me hizo enfocar en cuidar de mis hijos, pensar en la mejor manera de protegerlos, en encaminarlos, y proveer para su futuro.

Cuando Amelia completó su master y obtuvo una doble licencia para enseñar español o inglés como segundo idioma en las escuelas superiores, el sistema escolar cerró la entrada a nuevos enseñantes. Por lo tanto, se fue a trabajar de secretaria en una compañía comercial en el centro de Manhattan. Después de unos años, se cambió de trabajo y comenzó la carrera de secretaria legal y asistente legal en un estudio de abogados. Por mi lado, al completar mi master me puse a trabajar ya en un puesto profesional durante el día y en una clínica de salud mental parte del tiempo por las tardes. El segundo puesto fue motivado por mi deseo de proveer lo mejor posible para mi familia, particularmente después de establecernos en Wantagh, Long Island donde el costo de vida era bastante alto.

Un recuerdo que me emocionó mucho fue el de una experiencia cuando Robert tenía unos seis años y yo trabajaba muchas horas debido a los dos trabajos. Una noche, mientras le leía en la cama noté que mi hijo estaba inquieto y algo nervioso; parecía que algo le molestaba. Traté de calmarlo y hablar acerca de lo que estaba notando; él se puso a llorar y entre sollozos me dijo que estaba muy enojado conmigo porque "no estás nunca en casa y no podemos hacer cosas o jugar juntos." Eso me cayó encima como una tonelada de ladrillos. Después del golpe inicial, lo abracé y le prometí que iba a buscar la manera de estar en casa un poco más temprano y hacer tiempo para hacer cosas juntos. Al día siguiente, hablé con la supervisora de la clínica y le expliqué la necesidad de modificar mis horarios; gradualmente fui reduciendo las horas. Robert empezó a jugar futbol en nuestra liga local y yo me puse de asistente técnico con el equipo. A pesar de que la reducción de horas redujo mis ganancias y sentí el apretón financiero, el bienestar de mi hijo tenía prioridad. Muchas veces me he preguntado si mi hijo recuerda esos eventos y las hermosas experiencias que tuvo jugando al futbol por varios años.

Cuando nació Cristina la experiencia me pareció algo muy bella y ella se veía preciosa. Una de las cosas que me llamó la atención fueron sus lindas manitas y el hecho de que al nacer tenía uñas largas que se veían femeninas. Quedé muy sorprendido al abrazar a mi hija recién nacida con las manitas delicadas y las uñas largas como una señorita. Como ya teníamos un hijo varón, mi deseo era que esta vez fuera una hembrita y quedé extático al ver que mi deseo se había cumplido. Cuando nuestro primer nacido tendría entre dos y tres años planeábamos tener el segundo, pero el destino nos hizo esperar hasta que Robert tuviera cinco años cuando nació Cristina. Pensé y sentí que el nacer de nuestra hija traería un mejor balance en nuestras vidas. Sin embargo, no le pareció de esa manera a Robert porque noté que él se sintió desplazado por la llegada de su hermana. A través de los años, siempre tuve la impresión de que él nunca dejó de resentir la llegada de Cristina.

Una vez que Cristina empezó a caminar y a hablar, me di cuenta de que criar una niña era muy diferente de criar un varón. Cuando ella alcanzó los dos años de edad, empezaron las exigencias de dedicar más tiempo para participar en actividades y juegos como sentarme con ella a tomar té o esperar que preparara una rica comida para compartirla con mucha ceremonia. Durante ese tiempo, también empezamos a tener pequeñas excursiones cuando la niña tendría unos dos y medio y el niño siete y medio. Por lo general, los sábados por la tarde llevaba a los chicos en mi coche a jugar en el parque, a caminar por la bahía, y a comer algo en los restaurantes favoritos de todos los niños como Burger King o McDonald donde también tenían sala de juegos para entretener a los chicos. Mayormente, Amelia se quedaba en casa haciendo la limpieza de la casa sin las interrupciones de los chicos.

Aparte de las actividades mencionadas, traté de que mi hijo se involucrara en otras actividades cuando tenía entre cinco y once años. Cerca de casa estaba la bahía rodeada de un parque que incluía muelles para botes y lanchas, campos deportivos, un centro acuático con un tobogán, como también un lugar para la pesca. Compré las cosas necesarias para ir a pescar y un domingo por la mañana, Robert era madrugador como yo, nos fuimos a pescar. Era un lindo día primaveral con mucho sol y nos pasamos dos o tres horas pescando y observando a otros pescadores. Solamente pescamos dos peces que tenían cara de pocos amigos, los mantuvimos en agua en un balde de plástico de unos cuatro litros, y los llevamos a casa para que él se los mostrara a su mamá y hermana. Lo que noté durante la experiencia fue que mi hijo no mostró mucho entusiasmo. Un par de semanas más tarde, fuimos a pescar otra vez, pero al poco tiempo de estar allí Robert se puso de mal humos, dijo que estaba aburrido, y no mostró mucho interés en continuar. Nunca más pidió de ir a pescar, pero un día cuando era adolescente y estábamos en el garaje donde dejé las cosas de pesca colgando, las miró y me dijo "que pasó que no continuamos con la pesca" lo cual me sorprendió. Cuando le recordé que él no mostró entusiasmo ni quiso volver después de haber ido a pescar dos veces, la expresión de su cara mostró sorpresa con confusión y pareció no recordar esa experiencia.

El comportamiento que Robert mostró en el asunto de la pesca apareció en otras ocasiones. A medida que pasaron los años, fue mostrando poco interés en expresarse o compartir sus ideas en casa. Se fue haciendo más introvertido como también distante, en muchas ocasiones tanto la madre como yo tratamos de hablarle acerca de su actitud y su sequedad. Sin embargo, mis esfuerzos para comunicarme con él no dieron resultados. Cuando intenté provocar una expresión de sentimientos parecidos a los que mostró cuando tenía seis años y me reclamó que no estaba en casa para compartir tiempo haciendo cosas juntos, él se quedó mudo. Él se mantuvo encerrado en sí mismo y muchas veces sentí que no estaba contento, tuve la impresión de que se avergonzaba de su familia ya que los padres eran inmigrantes y extranjeros. Otras veces tuve la sensación de que estaba enojado por algo, pero no quiso hablar. Sin embargo, era evidente que estaba muy molesto porque él tenía en su cuarto una silla con respaldo acolchado y con el tiempo la llenó de agujeros al darle puñaladas con sus lápices.

Cuando el muchacho llegó a la adolescencia su comportamiento se puso peor porque a veces contestaba, no quería hacer caso, y se ponía con una actitud odiosa o desafiante. Algunas veces su conducta era tan desagradable que su madre se ponía a llorar. Entre los 16 y 17 años un día se presenta en casa con una argolla en su ceja lo cual produjo una devastación en su madre y en mí una gran rabia porque lo que más noté fue la actitud desafiante. Su madre se entristeció mucho durante ese periodo y yo traté de usar mis conocimientos para no agarrarlo a golpes. Tratando de atar cabos, muchas veces me he preguntado si mi falta de reacción fue interpretada como debilidad en vez de una manera de evitar un desastre. No tengo idea si él se recuerda de esos eventos ya que él evita dialogar. Desde que Robert empezó a ir a la escuela siempre sentí que él estaba avergonzado de sus padres por ser extranjeros e inmigrantes.

Por lo contrario, la personalidad de Cristina ha sido siempre extrovertida, expresiva, y alegre. Desde muy pequeña, ella hablaba mucho con ambos padres. Compartía sus sentimientos alegres y tristes, nos contaba de sus experiencias y nos hacía muchas preguntas. Cuando llegaba a casa de la escuela, se veía muy confortable contando lo que había pasado durante el día y poder compartir la experiencia con nosotros. Cristina es una persona que se siente bien expresando sus ideas, sentimientos, pensamientos, y ventilando sus frustraciones. Se le puede notar si disfruta de algo o si algo le disgusta. A pesar de que Robert se ha casado y es un padre afectuoso y cuidadoso de una bella niña y un niño precioso, la relación con su padre la ha mantenido un poco seca y distante. Mientras tanto, mi hija ha podido mantener una relación positiva, abierta, me cuenta muchas de sus cosas, y busca mi compañía.

19

Vacaciones Familiares y Otros Eventos

A través de los años he sido afortunado en poder brindar a mis hijos muchas vacaciones. Desde muy jóvenes, han tenido la oportunidad de visitar Italia, España, Suiza, y Portugal donde tuvieron muchas aventuras. El primer viaje de mi hijo a España con los abuelos lo hizo antes de cumplir dos años. Mi hija visitó ese país por primera vez cuando apenas había cumplido los dos años. Ellos visitaron Disney World cuando tenían nueve y cuatro años y recuerdo que a Cristina le fascinó el lugar, me hizo subir a dar vueltas donde cantaban Es Un Pequeño Mundo tantas veces que quedé aturdido por el tono alto de las voces y la musiquita los que quedaron resonando en mi cabeza por un buen rato. Los sacrificios que los padres hacen por sus hijos. La experiencia fue tan positiva que hicimos otro viaje con la hermana de Amelia y su hija para compartir bonitos momentos familiares. En otra oportunidad, ellas dos nos acompañaron en un viaje que hicimos a San Diego cuando fuimos a visitar al hermano de Amelia quien en ese entonces vivía en esa ciudad. La parte nueva del centro es como una ciudad típica, sin embargo, la parte vieja me gustó mucho porque se parece a una ciudad española y tiene calles y árboles muy pintorescos.

Era un periodo de mi vida cuando podía permitirme hacer viajes y disfrutar de paisajes nuevos y compartir con mi familia la sed de viajar y explorar que llevo por dentro. Hubo una vacación que tuvo lugar cuando Robert tenía 13 años y Cristina ocho durante el verano del 1995. Esa vez fue planeada con mi hermano Guerino, quien vivía en Suiza con sus dos hijos y esposa. Ellos habían estado en Mallorca, Islas Baleares en el Mediterráneo y tenían ganas de volver. Me puse de acuerdo con mi hermano y nos fuimos a pasar dos semanas con él, su esposa Susi, su hija Sabrina de 10 años, y su hijo Alexander de ocho. Hicimos arreglos para ir a Palma de Mallorca en un hotel a unos 150 metros del mar con todo incluido; mi hermano alquiló un coche grande para que pudiéramos visitar varios lugares en la isla.

Mis hijos estaban muy excitados porque, a pesar de haber viajado a varios países y otros estados, nunca habíamos hecho una vacación en un resort en una isla. Habíamos disfrutado experiencias fabulosas visitando los lagos suizos, subiendo montañas tan altas que en pleno verano los chicos jugaron con la nieve en los Alpes suizos. También conocieron las bellas aguas cristalinas y tranquilas del mar mediterráneo cuando fuimos a nadar en la costa Amalfitana cerca de Salerno. Como ellos no conocían las Islas Baleares, se pusieron a buscar información para planear un trayecto y así visitar los lugares de más interés.

Este era nuestro primer viaje a Europa donde no mezclamos visitas a familia como en España, Italia, o Suiza porque mi hermano y su familia estarían de vacaciones fuera de su casa. El primer vuelo nos llevó de Nueva York a Madrid y el segundo, de esta ciudad a Palma de Mallorca. Como ya habían volado otras veces, los chicos se consideraban expertos en viajes internacionales y no veían nada de especial en este viaje.

Cuando llegamos al resort, mi hermano y su familia ya estaban allí y nos saludamos con mucha alegría. Apenas terminamos con los saludos, mis sobrinos se fueron con mis chicos a explorar el resort y ver las cosas que podrían hacer mientras que los adultos nos sentamos en el patio a disfrutar del aire de mar y tomar unos tragos. Una de las primeras cosas que notamos fue el agua de un color celeste limpio y una temperatura muy agradable ideal para zambullidas y para nadar. Entre los tragos y la belleza del agua, tuve la impresión de que sería una gran vacación.

Los chicos volvieron corriendo alborotados y llenos de entusiasmo hablaron de manera acelerada tratando de reportar lo que habían visto. Una de las cosas que les impresionó fue el agua por su bello color celeste y la temperatura porque las playas de Long Island tienen las aguas frías de color verdoso gris. Mis hijos eran buenos nadadores, especialmente Cristina quien estaba en un equipo de natación y se mantenía muy activa. Ella agradeció muchísimo la oportunidad de poder nadar en aguas tan limpias y de temperatura tan agradable.

Los primeros días los pasamos en la playa, nadando en aguas que permitían ver el fondo a tres o más metros de profundidad, o saboreando muchos platos de comida local e internacional. Fuimos a probar varios restaurantes que ofrecían pulpo, calamares, cangrejos gigantes, y la típica paella española. Cristina no quiso saber nada del pulpo, pero le gustaron los calamares mientras que Robert disfrutó mucho el pulpo y muy poco los calamares. Sin embargo, a ambos les gustó el cangrejo. Unos días después hicimos el primer tour con el minivan alquilado por mi hermano quien que nos llevó por las montañas a visitar cavernas que se dan mucho en la isla. Fue la primera vez que entramos a unas cavernas y estas eran enormes. Los chicos exploraron con avidez los interiores formados por muchas cámaras de ámbitos enormes y alturas de varios metros mientras que otras áreas eran pequeñas y de poca altura.

Encontramos un área en la parte central donde había un recinto enorme de muchos metros de expansión y grandes alturas con muchas estalactitas y estalagmitas. Cristina fue quien expresó su asombro con muchas exclamaciones y comentarios, tocando las rocas, sintiendo el relieve con sus dedos, y los ojos llenos de entusiasmo diciendo "esto es grandioso." La caminata dentro de las cavernas fue de casi un kilómetro y al salir me impresionó mucho la vista panorámica. Desde ese punto en la ladera de la montaña se podían ver los árboles que bajaban hasta la playa y el mar de un azul claro y limpio que parecía estar inmóvil como si estuviera mirando una enorme postal. Me emocioné al ver esa belleza, pero mi hermano se mantuvo muy tranquilo porque él ya había visto ese panorama. Lo que si noté era que él se veía contento de compartir esa experiencia porque de pequeños, siempre tuvimos una conexión muy especial. En la salida de las cavernas vendían recuerdos y los chicos se compraron algunas cositas.

Otro día tomamos una excursión en barco de los que tienen en algunas secciones el piso hecho de vidrio que permite ver el fondo del mar y el paisaje bajo el agua. El viaje fue de varias horas y visitamos muchos pueblos a lo largo de la costa. Lo que más le impresionó a mis hijos fue el piso de vidrio y se pasaron muchos ratos con la cara cerca del vidrio para ver la vida submarina y disfrutar de los bellos paisajes y la diversidad de peces nadando cerquita del bote. En ese tour visitamos otras playas y fuimos a parar en una bien grade llamada La Playa de los Ingleses porque el resort cerca de la playa estaba lleno de turistas ingleses. Mis hijos se llenaron de júbilo al estar rodeados de gente que hablaba inglés y podían entender todo lo que decían. Caminando por esa playa, mis hijos vieron una banana gigantesca en el agua en la cual había hasta 10 personas montadas como a caballo y la banana flotante era arrastrada sobre el agua por una soga atada a una lancha que andaba a varias velocidades. También vieron personas enganchadas a un paracaídas con un asiento parecido al de una hamaca que flotaban en el aire conectados por una soga a una lancha, habían descubierto el "parasailing." Empezaron a rogar para que pudieran participar en esas actividades de una manera tan intensa, en particular Cristina, que no pudimos resistir.

Al otro día volvimos al lugar donde ofrecían esas opciones. Hicimos arreglos primero con la banana y me fui con ellos porque parecía simple. Me llevé una gran sorpresa porque uno se sienta sobre la goma y se agarra de una soga, pero la condenada goma es resbaladiza y en una de las curvas me fui volando al agua. La única consolación fue ver que otras personas también se cayeron en medio de muchas carcajadas. Más tarde, Robert y Cristina fueron enganchados en un paracaídas, acomodados juntos en un solo asiento el cual era ancho y dio lugar para que ambos estuvieran juntos en el mismo paracaídas. Todo el proceso parecía bastante seguro ya que usaron cadenas, sogas, y chalecos salvavidas. Cuando vimos que los chicos eran arrastrados por el agua antes de tomar altura mi corazón dio un salto en mi pecho. Después, mientras fueron tomando altura y llegaron a unos 20 metros de altura, Amelia me agarró del brazo y apretó mi mano con mucha fuerza porque, tanto como yo, ella también se asustó al ver los chicos flotando y luego cayendo lentamente en el agua y volver a subir. Sin embargo, todos nuestros miedos se disiparon cuando los chicos volvieron cerca de nosotros muy contentos y con una expresión llena de excitación y alegría. Nos agradecieron muchísimo el haber tenido esa experiencia. Al mirarle las caras pude apreciar el impacto de la experiencia lo cual no tenía precio. Esa fue una vacación de verdad inolvidable.

20

Eventos Impactantes

Hubo eventos que impactaron mi vida de manera fuerte y dolorosa. Primero fue la muerte de mi padre en febrero del 2000 lo que creó un vacío emocional y espiritual. Recuerdo que cuando regresé a casa después del funeral en España, traté un acercamiento con Robert para hablar de la pérdida puesto que mi hijo, cuando pequeño, fue muy apegado a mi padre. Con dolorosa sorpresa, me encontré con un muchacho, un mes antes de cumplir sus 18 años, quien se mantuvo frio y distante e ignoró mis esfuerzos para hablar. El comportamiento de mi hijo me dolió tanto que decidí comunicarle mi experiencia y sentimientos en una carta la cual mi esposa creyó era un poco fuerte. Nunca supe lo que hizo con esa carta ni el impacto que tuvo en él.

Mis padres se habían establecido en el pueblo natal y estaban disfrutando su vida con tranquilidad. Sin embargo, mi hermano Pablo decidió jubilarse temprano de su trabajo como mecánico de mantenimiento en las torres gemelas del World Trade Center en Manhattan. Se mudó con su esposa y la hijastra en el pueblo de ella en el oeste de Galicia, España. Después de ubicarse fue a visitar a nuestros padres en Carife y los convenció para que se mudaran con él. Guerino y yo no estuvimos de acuerdo porque el sueño de mi padre siempre fue de volver al pueblo natal y quedarse allí el resto de su vida. Lamentablemente, la fiebre del viajante se reactivó en mi padre y se mudó con mi madre a Galicia.

Cuando los visité un año más tarde, no me gustó lo que vi; mi madre no estaba ni contenta ni feliz con el arreglo y mi padre estaba algo apagado, cansado, con su Párkinson mucho más acentuado. Como me preocupó la situación hice planes para visitarlos de vuelta, unos siete meses después, para fines de febrero, pero mi padre falleció una semana antes de la fecha planeada y tuve que cambiar mis planes para llegar allí un día después de su muerte para atender su funeral. Mi padre fue puesto temporariamente en un nicho del cementerio local.

Cuatro meses después de ese evento, la esposa de Pablo se separa y lo obliga a irse de la casa. Mi hermano llenó el coche con algunas de sus cosas y junto a mi madre se fueron a Carife por carretera tardando unos tres días en llegar. Unos meses más tarde visité a mi madre y a Pablo donde me enteré de que los 45.000 dólares que mis padres tenían ahorrados habían desaparecidos en las manos de mi cuñada. Ella solo le dio 5.000 a mi madre antes de salir de España. Por supuesto, eso me puso furioso. Mi hermano estaba deprimido y sin ganas de discutir. Ni siquiera quiso hablar o planear el retorno de los restos de nuestro padre para establecerlo en el cementerio de nuestro pueblo. Aparte del vacío que sentía por la pérdida, me vino una rabia y frustración que solo se calmaban cuando me iba a caminar por el pueblo o subía a la montaña. Cuando regresé a casa no me sentía nada bien, pero la vida familiar y el trabajo me ayudaron a seguir adelante.

Dos años más tarde, Amelia fue diagnosticada con cáncer en un seno y empezamos la ardua jornada con muchos exámenes y tratamientos. A pesar de tremendos esfuerzos y de estar muy unido con ella, entré en un largo túnel, oscuro, lleno de dolor y ansiedad. No hubo tratamiento que pudiera salvar a mi esposa dado que su cáncer era muy agresivo y el 28 de mayo 2004 falleció. Los especialistas me dijeron que era un cáncer tan agresivo que no respondió a la radiación ni a la quimio terapia. Tampoco ayudaron las dos operaciones y ella sufrió mucho. A pesar de que hice todo lo posible para ayudar, me quedé con la sensación de que debería haber hecho mucho más. Durante la última semana que pasamos juntos, presentí que Amelia sabía que su vida terminaría en cualquier momento y me habló mucho sobre sus preocupaciones con respecto a los chicos. Ella hablaba de manera que se sentía culpable por lo que le estaba pasando y por lo que vendría más adelante. Yo hice lo mejor que pude para darle tranquilidad y apoyo porque no quería que se sintiera con alguna culpa. Puse énfasis en el cuidado de ella y traté de que se enfocara en sus cosas de la manera más adecuada.

Nuestro último día juntos fue un viernes, ella amaneció con mucho dolor y me pidió que la llevara al hospital donde se estaba atendiendo. Como la vi delicada, llamé a la ambulancia, sin embargo, estaba tardando tanto que decidí llevarla y la internaron de inmediato. Le empezaron a dar un número de exámenes, llamé a su hermana para que viniera, y por la tarde me informaron que su condición era tal que probablemente no pasaría del fin de semana.

La hermana habló con Amelia un buen rato, ella es enfermera y se dio cuenta que el fin estaba cerca. Llamé a mis hijos para que vinieran al hospital antes de que la madre falleciera y mientras esperábamos que pudieran llegar Amelia trató de apretarme la mano con las pocas fuerzas que le quedaban. Me miró en los ojos con mucha inquietud diciendo "Vito, me tengo que ir, me tengo que ir." Mientras decía eso sentí que en ese momento ella estaba conectada con algo o alguien que estaba a nuestro lado y que estaba respondiendo a algún pedido. Tuve la sensación de que algo extraño estaba tomando control de la situación y se llevaba Amelia lejos de mí. La miré en los ojos y le dije de la manera más calma posible "si tienes que ir no te preocupes, cuidaré de los chicos, por favor tranquilízate" y al escuchar eso dio su último respiro. En ese instante sentí que el mundo se me vino abajo y se hundió bajo mis pies. Tuve la sensación de que su presencia, como también la presencia de esa cosa extraña ya no estaban y me sentí muy solo.

Los chicos llegaron unos minutos después y encontraron que su madre ya había fallecido y se pusieron a llorar. Los abracé fuertemente mientras les decía que debíamos tratar de ser fuertes, pero yo también estaba llorando. La tía los abrazó y lloró con ellos. Mientras que Robert lloraba de manera semi controlada, el llanto de Cristina era desgarrador y pareció salir de la parte más profunda de sus entrañas. Eso me rompió el alma y me sentí el hombre más impotente e infeliz del mundo al ver a mi hija sentir un dolor tan intenso.

La pérdida de mi mejor amiga, mi compañera espiritual, mi esposa causó tanto dolor que el mundo se volvió de arriba abajo mientras que una desesperación invadía y sacudía mi cuerpo. Lo único que me ayudó fue pensar en mis hijos y el impacto que tendría en ellos. Traté de enfocarme en ellos para mitigar el dolor que esa ausencia había provocado. Desde ese día hice lo posible para encontrar la manera de que los tres pudiéramos continuar con nuestras vidas. Sin embargo, ese fue el inicio de un mundo el cual estaba compuesto de una espiral interminable y sentí estar en una caída sin fondo.

La muerte de mi esposa causó tanto desorden y dolor que por mucho tiempo lloré su pérdida. Me era difícil pensar en lo que la vida traería y tuve muchos temores. Años después, cuando empecé a reflexionar, meditar, y pensar en escribir una historia biográfica, me llevó mucho tiempo poder pensar, recordar, y escribir palabras acerca de ese momento en mi vida.

Después de la muerte de Amelia, mi hermano Pablo falleció 18 meses más tarde de un ataque cardíaco. Él había tenido un ataque a principios de octubre del 2005 y mi madre me llamó llorando. Hice un viaje de emergencia a Italia y al llegar Pablo estaba de vuelta en el hospital con un segundo ataque. Se veía bastante mal y al hablar con los médicos me informaron que las venas y arterias estaban muy dañadas y no podían hacer mucho. Estuve unos días hasta que Pablo volvió a casa. A fines de noviembre, ni siquiera seis semanas después del primer ataque, tuvo otros dos y el cuarto causó su muerte. Otra vez tuve que hacer un viaje de emergencia para atender el funeral y darle apoyo a mi madre. Por suerte los primos que están en el pueblo ayudaron mucho y se encargaron de varios detalles.

La muerte de mi hermano fue mucho más dolorosa de lo que imaginé. En parte, todavía estaba sufriendo intensamente la pérdida de Amelia. Sin embargo, sentí su pérdida como algo biológico, físico, y corporal que se había desprendido dentro de mi ser. Me parecía que una parte de mi cuerpo se había ido con él. Fue algo muy extraño porque no tuve una relación apegada con él. Al contrario, hubo muchas piedras en nuestro camino. Todavía recuerdo con dolor cuando estábamos en Suiza y me enamoré a los 18 años de una chica italiana. Habíamos comenzado a andar de novios cuando Pablo decidió seducirla lo cual rompió mi corazón y me puse furioso. Debido a eso, estuve tan enojado que no le hable por casi un año mientras él seguía con su vida de casanova buscando chicas nuevas.

Años más tarde, estando en Nueva York, mi hermano se casó con una gallega divorciada y con una hija. Al principio parecía que las cosas andaban bien, pero tuvieron un matrimonio tumultuoso y disfuncional. La familia de ella tenía una casa grande de cuatro pisos con un departamento en cada uno donde vivían los padres, una hermana con su esposo y chicos, y un hermano también casado y con hijos. El primer piso era para su esposa. En la planta baja el padre tenía un taller de chapa y pintura para coches. El edificio estaba sin terminar, necesitaba mucho trabajo, y mi hermano invirtió unos 200.000 dólares para que lo fueran terminando. Sin embargo, él no se benefició, ni recuperó un dólar. Cuando la mujer lo echó de la casa, se fue sin nada.

Su muerte causó un gran desequilibrio en la vida de mi madre y me sentí obligado de visitarla varias veces. El primo que la quería como una hermana, Zizi, había fallecido en marzo del 2004 pero su esposa y dos hijas estuvieron siempre pendientes. Mi madre estaba envejeciendo y necesitaba cuidados, no quiso volver a vivir conmigo en Nueva York ni quería una asistente en casa. Pasamos muchos días y noches hablando y al final decidió que era mejor irse a una residencia. Las primas ayudaron a identificar algunas en la zona y las fuimos a visitar a todas. Después de algunas averiguaciones, mi madre eligió una que me pareció bastante decente en Flumeri. Hicimos un contrato y ella se mudó en agosto del 2006. La pensión que cobraba mamá solo cubría un tercio del costo y el resto lo fuimos pagando Guerino y yo un tercio (700 dólares) cada uno.

Continué visitando a mi madre y sin darme cuenta, entre octubre 2005 y junio 2014, cuando mi madre falleció, había gastado muchos miles de dólares, mis finanzas quedaron muy afectadas, y sin ahorros. Encima de todo eso, también me preocupé por la situación de mi padre quien había quedado en un nicho prestado en un cementerio español. Durante el 2008 hice arreglos para transferir los restos a Carife, pero debido a costos astronómicos para llevarlo en su ataúd, mi madre y yo decidimos hacerlo cremar y lo pude transferir al cementerio con costo moderado. Cuando abrieron el nicho y el ataúd para llevar los restos al crematorio, tuve un torbellino de sentimientos al ver que los trabajadores manejaron los restos con poco cuidado. Para ellos era un trabajo más mientras que yo me sentía violado al ver los restos expuestos de esa manera. Tuve que comprar dos nichos para mis padres porque el que había comprado mi madre anteriormente fue para Pablo.

Durante el año 2004 mi hijo había completado sus estudios universitarios con diploma en industria de la música. Desde tercer grado él mostró un talento para la música y se convirtió en muy buen musico tocando el clarinete. En los años que atendió la escuela intermedia y superior aprendió el saxofón para los desfiles y el clarinete bajo para lo orquestra. Por su cuenta, él también aprendió a tocar la guitarra y un poco el piano electrónico. Consiguió un puesto con Sony en distribución de discos, pero, tal vez, dejó el trabajo debido a la pérdida de su madre ya que se notaba deprimido y desganado.

Robert reusó comunicar sus sentimientos o pensamientos y anduvo sin rumbo por unos meses. Después se puso a trabajar en varias cosas siempre negándose a recibir una terapia de apoyo para ayudarle a manejar la muerte de su madre. Parece que su grupo de amigos le ayudó y a través de ellos conoció a su futura esposa, Maura; se casaron en junio del 2011. No puedo olvidar que el día de su boda cuando iban a sacar una foto de padre e hijo Robert me dijo "vamos a sonreír y pretender que somos amigos." Eso dolió mucho. Durante ese periodo ingresó a la academia policial y se hizo oficial de policía para la ciudad de Nueva York. Para mí fue una gran sorpresa que mi hijo se hiciera policía porque pensaba que su carrera estaba con la música. De su matrimonio con Maura nacieron mis nietos, Camila en 2013 y Lucas en 2015. Tuve la ilusión de que cuando fuera padre mi hijo encontraría el camino que lo llevaría a comunicarse mejor con su padre, pero no fue así.

Mi hija Cristina tenía 16 años cuando falleció su madre y la perdida fue devastadora. Lloró mucho en los primeros días, sin embargo, se negó a recibir una terapia de apoyo. Ella era una chica muy activa en la escuela superior donde jugaba Lacrosse y era miembro del equipo de las Cheerleaders. Sus compañeras de equipo y dos buenas amigas le dieron un apoyo muy especial, facilitando el proceso de recuperación. Al parecer, las compañeras y amigas le ayudaron y le brindaron un apoyo que fue productivo para ella. Sin embargo, me sorprendió que no quiso saber nada de atender una terapia dado que ella tenía familiaridad con mi trabajo y el campo terapéutico.

A pesar de que mi hija se mantuvo conectada, siempre sentí que acarreaba una rabia en contra de su padre. Durante unas cuantas semanas que siguieron a la muerte de Amelia, tuve la impresión de que mis hijos me culpaban de su muerte. También sentí que en el aire flotaba un mensaje el cual decía que yo no había hecho lo suficiente para mantener a la madre de mis hijos con vida. Muchas veces, sentía ese mensaje dentro de mí y aun siento como que fallé en algo. A pesar de todo, Cristina fue a la universidad y completó el profesorado en ciencias sociales e historia.

Mi hija quedó molesta conmigo porque ella quería estudiar algo en comunicaciones y yo no vi un buen futuro con esa carrera. Le pedí que hiciera una carrera en educación porque yo estaba en el mundo educativo al trabajar en las escuelas y podría ayudarle a conseguir un puesto. También le sugerí que al mismo tiempo tomara clases en comunicación ya que estaban disponibles en su facultad, pero no lo hizo. Pienso que mi hija todavía está impactada por la pérdida de su madre lo cual está afectando el asegurarse un puesto de profesora. Ha hecho algunos trabajos por parte de tiempo, temporarios, y últimamente como sustituta con poca suerte para establecerse con un puesto permanente. Parece que la perdida de la madre en medio de la adolescencia ha estado afectando el mundo emocional de mi hija y le cuesta encontrar un sólido sentido de seguridad.

La muerte de Amelia causó un gran desarreglo en mi vida y en la de mis hijos. Al tratar de recordar y escribir sobre ese capítulo, los pensamientos se enturbiaban y paralizaban mis manos. Cuando quedé viudo me sumergí en el trabajo para mantener una intensa actividad y no tener que pensar en mi situación. Lamentablemente, cuatro meses después me tocó trabajar en la escuela 127 donde tuve un año infernal. Estaba asignado a ese puesto tres días por semana donde me trataron como un paria. Una explicación más detallada aparece en la sección donde hablo del trabajo en las escuelas.

El trabajo en mi consultorio fue devastador porque, dentro de mi dolor, traté frenéticamente de aumentar el número de pacientes. Esto produjo un desajuste dado que mis pensamientos se llenaban de imágenes y mezclaba todo eso durante las consultas y sesiones. Empecé a notar que mi mente se distraía y no podía enfocarme en lo que estaba haciendo.

Los pensamientos se me enredaban y mi buen juicio se fue debilitando. Noté que me costaba mantener una separación saludable entre mi vida personal y la de los pacientes por lo cual no podía ser eficiente. Entonces, poco a poco fui reduciendo el número de pacientes hasta que dejé de atender gente en mi consultorio. Fue una decisión difícil, dolorosa, pero, me di cuenta de que un psicoterapeuta distraído por sus pensamientos y no enfocado en los temas del paciente, no podía dar una ayuda que fuera adecuada. Siempre respeté mucho mi trabajo profesional y no pude continuar.

Durante muchas tardes después del trabajo hice lo posible para estar en casa disponible para mis hijos a pesar de que ellos no querían hablar de lo sucedido. Estaba atormentado pensando que, de los dos, el padre equivocado había fallecido. Amelia hubiera sido mucho mejor en cuidar y atender a los chicos y la casa. Ella era la mejor opción dado que fue una excelente administradora de asuntos familiares como también de las actividades en el hogar. Además, la madre es quien da amor, atención, y apoyo emocional con más facilidad y naturaleza que el padre. Estos pensamientos debilitaron mi capacidad de tomar decisiones y poco a poco me fui convenciendo de que el mejor de los dos había fallecido. A pesar de que traté de ser un buen padre, pienso que mis hijos hubieran estado mucho mejor con su madre. Esto me hace sentir mal y culpable al ver que la vida, al quitarles la madre, los trató muy injustamente.

Los primeros meses fueron muy difíciles. Las noches eran dolorosas porque la casa se sentía vacía. Tuve dificultades para dormir y a pesar de que siempre fui madrugador, me costaba levantarme. Muchas mañanas me tenía que arrastrar para ir a trabajar cuando me tocaba ir a la escuela donde fui tratado mal y me sentía un paria. Por suerte, en la otra escuela donde iba dos días por semana había un par de colegas quienes me dieron apoyo y comprendieron el proceso por el cual estaba atravesando. Eso me ayudó a continuar y a sostener mi trabajo.

La muerte de Pablo 18 meses después de la muerte de Amelia causó un aumento de la vida traumática que estaba atravesando y encima, produjo un gran desajuste en mi madre. Mis hijos conocían bien as su tío y se entristecieron con su fallecimiento. Todos sentíamos la falta de Amelia y la de mi hermano; al mismo tiempo, mis hijos extrañaban a su abuela y en las vacaciones invernales de la escuela llevé a mis hijos al pueblo para estar en compañía de su abuela. Mi madre se alegró mucho al vernos y los chicos disfrutaron pasar unos diez días visitando, sin embargo, mi madre se negó a regresar con nosotros a Nueva York. En parte, el viaje fue para ayudar a mis hijos a que se reconectaran con la familia y sentirse menos solos. Observando como respondieron a la experiencia, pensé que el estar en Italia les ayudó a sentirse un poco mejor.

Basado en que la reconexión fue positiva, le ofrecí a mis hijos la oportunidad de ir a conocer a mi hermana y la familia que teníamos en Argentina. Se entusiasmaron con la idea y fuimos un par de semanas durante el verano argentino. A pesar de que el idioma fue una pequeña barrera, encontraron que algunos primos hablaban inglés y eso ayudó mucho. Pudieron conocer a su tía Emma, tres primos, reencontrarse con Carmelo y su familia, y visitar los lugares de mi niñez. Creo que ese viaje les abrió un nuevo mundo y, en particular, a mi hija le encantó Mar del Plata ya que expresó un gran deseo en volver a esa ciudad. Lamentablemente, a Cristina le agarró una gripe con infección en la garganta y no pudo acompañarnos cuando fuimos a visitar a mi amigo Gustavo en Palermo. Sin embargo,

Robert tuvo la oportunidad y la hija de mi amigo, quien hablaba un buen inglés, lo llevó de paseo para que conociera el barrio. Más tarde, cuando Cristina se mejoró, pudimos visitar de vuelta y así ella también conoció a mi amigo y su familia.

Sentí que era importante para mis hijos conocer a su familia y ver donde crecí y me fui desarrollando. Los comentarios que escuché expresaron agradecimiento y satisfacción por la experiencia que vivieron en Argentina.

Otra experiencia que fue muy importante consistió en llevarlos a visitar a su abuelo en España. Debido a que su tía Marina había planeado ir de vacaciones a España y pasar un tiempo en Vigo con su hija Danielle, decidí que mis hijos fueran con ellas. Incluso, el tío materno también viajó con su familia y estuvieron juntos. Ese viaje fue muy positivo para todos ellos ya que compartieron la perdida de Amelia y se reforzaron los lazos familiares. Los primeros años que siguieron la muerte de mi esposa fueron dolorosos y difíciles. Puse mucho esfuerzo en buscar maneras para reducir el dolor y mejorar nuestras vidas. Los viajes a Italia, Argentina, y España ayudaron a la recuperación y a la reconexión familiar. Sin embargo, sentí que la conexión que yo esperaba tener con mis hijos no se dio.

Robert tiene una personalidad introvertida, muy parecida a la mía, sin embargo, su apariencia física tiene más del lado de la madre. A través del tiempo fui notando ciertas características parecidas a las de su tío materno que a la vez se notaban en su abuelo materno. Mientras que Cristina tiene la personalidad vivaz, sociable, y extrovertida de su madre, su apariencia física es más de mi lado y tiene un parecido a mi madre.

Recuerdo con mucha emoción la última visita que Cristina tuvo con mi madre en Italia. Ella se conectó mucho a nivel emocional y compartió momentos de alegría, aunque a veces se quejó de que no podía entender todas las palabras y yo le traducía. Un domingo por la mañana, mi prima planeó hacer fideos al estilo antiguo preparando la masa usando harina, levadura, sal, y agua. Llegamos a su casa temprano y ella les dio un delantal a mi hija y a mi madre para que entre las tres hicieran los fideos. Mi hija se puso también un pañuelo en la cabeza, al igual a su abuela y lado a lado se pusieron a preparar la masa. Mi prima me dijo "es increíble como nieta y abuela se parecen tanto, no se puede negar que son familia."

Mientras observaba la manera festiva y jubilosa con la que mi hija y mi madre interactuaban y ver a las dos llenas de harina sentí una ola de felicidad recorrer todo mi cuerpo. La dicha fue incomparable y no supe como describir esa sensación, simplemente me quedé observando muy conmovido con ese bello cuadro. La imagen quedó grabada en mi mente con la ayuda de fuertes batidos de mi corazón y envuelta en mucho cariño. Fue una experiencia increíble, ojalá que ese recuerdo haya sido grabado en la mente y corazón de Cristina.

En el fondo estoy muy agradecido de que, a pesar de tantas discusiones y desacuerdos, Cristina ha podido mantener y ofrecer una conexión que Robert parece no poder hacer. Ella ha sido quien me fue dando ánimo y puntos de referencia para que escriba acerca de mi vida y ha compartido actividades con su padre. Sin embargo, Robert no se comunica ni comparte conmigo a pesar de que él es muy buen padre con sus hijos y está siempre pendiente de ellos. Llevo años preguntándome que fue lo que hice, no hice, o no pude ver durante la crianza de mis hijos que trajo este resultado. Por suerte, Cristina todavía parece desear hacer cosas con su viejo y aparenta disfrutar de nuestros momentos compartidos.

El Trabajo en las Escuelas

Cuando empecé a trabajar en el sistema escolar de la ciudad de Nueva York, el cual maneja un poco más de un millón de alumnos, fui asignado en la escuela No. 112 por tres días y la No. 84 por dos días. La 112 estaba a unas cuadras de la primera casa que tuve en Astoria, mientras que la 84 estaba también en Astoria, pero a unas 30 cuadras. Me gustó mucho estar en el ambiente escolar y conectarme con los chicos de manera muy directa. Otra cosa que me agradó fue que el horario, 8:00 a 15:00, me permitía llegar a casa antes de las 17:00 y podía compartir con los chicos como también ayudar con algunos quehaceres domésticos. Me encantó tener un horario de trabajo que coincidía con el horario escolar de mis hijos a pesar de que dos tardes por semana y los sábados por la mañana atendía en mi consultorio psicoterapéutico.

Una de las cosas que me chocó mucho fue que en el puesto anterior yo era director de la clínica, tenía mi propia oficina, y una secretaria. Sin embargo, en la escuela 112 me tocó compartir una pequeña oficina, adyacente al gimnasio, con otras tres personas y compartir un escritorio. Encima de todo eso, dos de los miembros del equipo escolar no se llevaban bien, creaban tensiones, y se enredaban en discusiones que me parecieron patéticas. En la escuela 84 el arreglo era mejor, la oficina era más grande, tenía un escritorio todo para mí, y había una mesa con sillas alrededor para las reuniones de planeamiento con los padres y maestras. Los miembros del equipo escolar tenían una amistad, y me recibieron con un comportamiento agradable y profesional. En mitad del año escolar me asignaron la tercera escuela, JHS 204, a una cuadra de la 112. Era de sexto a octavo grado donde había muchos conflictos y mala conducta entre estudiantes lo que me mantuvo muy activo y tuve que intervenir en disolver peleas.

Encontré consuelo y satisfacción en el trabajo directo con los niños cuando hablaba con ellos y podía ver con que alegría recibían las conversaciones y los juegos interactivos. También sentí que las charlas con los padres fueron fructíferas dado que muchos de ellos daban un buen grado de bienvenida a las sugerencias acerca de cómo manejar situaciones con los niños. El asesoramiento con las maestras dependía mucho de la personalidad de cada maestra pues algunas eran muy abiertas a las sugerencias y ciertos planes de acción para los alumnos. Sin embargo, encontré otras que tomaban el asesoramiento como una intrusión en su aula y tuve que usar una terapia indirecta para aliviar y reducir fricciones. El punto siempre era hacer algo buscando la mejor manera de beneficiar al estudiante.

Cuando inicié las tareas en las escuelas, no recibí un entrenamiento donde informaran sobre los pasos burocráticos ni siquiera me explicaron la documentación necesaria para preparar los planes educativos de los chicos. El equipo de la escuela 84 me fue ayudando poco a poco y me mostraban algunos de los documentos. Por suerte, en la escuela 112 descubrí que la señora encargada de los casos especiales y de niños con mayor necesidad, la coordinadora de educación especial sabía más que nadie y tenía los archivos de todos los estudiantes en esa escuela. Entablé un dialogo con ella y me ofreció una instrucción acerca de los documentos, cuales preparar, cuando, y como hacerlo para cumplir con los mandatos legales de cada niño evaluado y por evaluar.

Una de las tareas primarias como el trabajador social de la escuela era entrevistar padres, hacer una evaluación psicosocial del niño y la familia, informarles sobre sus derechos legales y coordinar el test psicométrico, el test educativo, o el test de lenguaje y habla. Una vez que todas las evaluaciones eran completadas, el equipo se reunía con los padres y maestras para explicar los resultados y ofrecer un plan de acción. Las tres dificultades que encontramos con más frecuencia eran en aprendizaje, expresión y articulación verbal, en la conducta, y en problemas emocionales. El aprendizaje se corregía con maestras especializadas, la expresión y articulación con terapia del habla, y el área de conducta y emociones me la asignaban a mi como el clínico terapeuta del equipo. Poco a poco fui formando un número de casos y, usando varias técnicas para modificar ciertas conductas pude reducir ansiedad, angustia, o depresión. Cuando el personal de la escuela y los padres fueron notando progreso en los niños, empezaron a respetar mi trabajo y mis sugerencias.

Sin embargo, siempre aparecían individuos con actitudes negativas y con el tiempo aprendí a manejarlos. La experiencia previa, con el trabajo clínico y administrativo me ayudó mucho para evitar encontronazos y usar ciertas técnicas para facilitar mi ajuste en el nuevo y a veces disfuncional o chiflado mundo dentro del sistema escolar. Creo que siempre tuve un buen instinto e iniciativa al emprender una tarea. Cuando consultaba con padres o maestras siempre les explicaba las técnicas que usaba. Me integraba con los niños respetando sus sentimientos y, de esa manera, hacer relucir sus aspectos positivos. La directora de la escuela 112 notó que me interesaba por los alumnos y me tomó mucha consideración. El director de la escuela 84 también tomó nota y me mostraba respeto. Lamentablemente, algunos colegas no se ganaban respeto debido a la manera desganada en que actuaban.

Encontré profesionales que se comportaban de manera mezquina, se enfocaban en chismes, se quejaban de muchas cosas, y trataban a otros de manera derogatoria. A pesar de que algunos de ellos podían hacer un buen trabajo, elegían hacer lo menos posible y de mala gana. Cuando me tocaba trabajar con alguien así, evitaba enredarme en sus desgracias.

Los primeros años dentro del sistema escolar tuve que sufrir los mandatos absurdos impuestos por la unión sindical. Al ser nuevo en el sistema, cada año escolar estaba expuesto a que otro colega con más antigüedad en el sistema pidiera mi puesto y yo tenía que mudarme a otra escuela. En los primeros cinco años me tocó trabajar en doce escuelas diferentes y adaptarme a nuevos equipos escolares, grupos de maestras, niños, y padres. Con tiempo pude quedarme en el mismo grupo dos años seguidos lo que me trajo un poco de estabilidad.

Recuerdo que cuando empecé mi segundo año en las escuelas me asignaron una tercera, la 127, localizada a un kilómetro y medio del aeropuerto La Guardia en Astoria donde estuve unas seis semanas. Fue durante septiembre del 2001. Estaba en esta escuela el día 11 cuando las torres gemelas fueron atacadas. Había recién iniciado una consulta cuando un colega me avisó que una de las torres estaba envuelta en humo. Cancelé la consulta y nos fuimos a la biblioteca en el tercer piso donde había grandes ventanales que brindaban una vista panorámica de Manhattan y vimos mucho humo rodear la parte central de la torre. Pusimos el televisor para escuchar noticias y mientras estábamos en eso, vimos como un avión se estrelló en la otra torre y nos enteramos de que habían sido atacadas. Todos los que estábamos allí en ese momento nos quedamos pasmados y en shock. Mientras mirábamos el humo y las llamas yo pensé que todo era como una pesadilla y no podía creer lo que mis ojos estaban viendo. Sentí estar en otro mundo que no era real y que en cualquier momento me despertaría y saldría de esa situación.

Me sacudí esos pensamientos cuando una maestra entró corriendo y llorando con una angustia incontrolable se puso a decir "mi hijo de 23 años trabaja en las torres, dios mío que no le pase nada" y se desmayó. Algunas compañeras la atendieron y la llevaron a la oficina para que fuera a su casa. La escuela recibió órdenes de mantener a los niños protegidos, llamar a los padres para que los fueran a recoger, y que todo personal planeara acciones para manejar la crisis. Muchas maestras y alumnos reaccionaron con pánico y el equipo clínico tuvo que asistir mientras que nosotros mismos estábamos muy afectados por lo que sucedía. El distrito mandó jefes y asesores por todas las escuelas para organizar planes de acción con énfasis en ayudar a los niños durante esa crisis.

Durante la intensa actividad, dejamos de mirar por los ventanales y nos enfocamos en ayudar a los niños y a los padres tratando, muchas veces en vano, de calmarlos dentro de un caos aterrador. No pude ver el momento en que las torres cayeron, solo lo vi en la televisión más tarde cuando llegué a casa. El impacto de ese acto terrorista se sintió profundamente por mucho tiempo con niños sufriendo de pesadillas terribles, re creando el evento a través de dibujos, y sintiendo que el mundo se podría acabar en cualquier momento. Ese evento también impactó a mis hijos y tuvimos muchas charlas para darles tranquilidad y para que se sintieran protegidos.

Estuve cuatro semanas en la escuela 127 ayudando hasta que otra persona fue asignada; fueron días muy intensos y todos cooperábamos para mantener un poco de orden en las vidas de tantas personas afectadas. Se formaron algunos lazos estrechos entre los que trabajamos en traer alivio. Nunca me imaginé que pocos años después iría a trabajar un año completo a esa misma escuela en la cual presencié con mis propios ojos uno de los desastres más grandes y graves en Nueva York. El regreso, en septiembre del 2004, fue el inicio de lo que se convirtió en el año escolar más infernal en mi vida profesional y personal

22

Buenos y Malos Momentos
en las Escuelas

El año escolar 2003-2004 fue complicado y doloroso. Mi esposa se agravó con el cáncer agresivo que se había expandido en el sistema linfático y en el útero; un mes antes de acabar el año escolar ella fallece el 28 de mayo del 2004. Por un lado, tuve la suerte de estar asignado tres días en una escuela muy buena, PS 11, donde la directora y el equipo clínico trabajaban bien juntos donde había mutuo respeto y comunicación. Recibí mucho apoyo y comprensión durante el proceso y el funeral.

Sin embargo, la otra escuela donde estaba dos días por semana, PS 152, presentó un cuadro muy diferente. El director era un hombre seco, distante, y no respetaba al equipo clínico. El psicólogo psicométrico era la persona asignada para estar a cargo del equipo y, en esa escuela, el individuo que me tocó tenía muchos problemas de inseguridad. Cuando él notó que la asistente se llevaba bien conmigo y me ayudaba preparando papeles o haciendo copias le ordenó que no hiciera eso porque ella estaba para asistir al "jefe" del equipo en forma exclusiva. Incluso, me dijo que la oficina era para su uso y no podía estar allí para hacer las evaluaciones psicosociales de los niños y padres. Solo permitiría que usara la oficina si él estaba presente como monitor del proceso lo cual no era solamente falta de ética, sino que violaba códigos y leyes de confidencialidad. Como yo no cedí a sus caprichos, se quejó con el director y ellos me pusieron a trabajar en el pasillo. Cuando le reclamé lo que estaba haciendo, ese tipo me desafió a pelear a puños para demostrarme que él era más que yo. Un gran imbécil a quien ignoré y mantuve mi distancia debido su gran falta de ética profesional e inmadurez.

Durante el quinto año, cuando había perdido a mi esposa y estaba bastante afectado emocionalmente, me tocó la peor escuela imaginable, PS 127. Me tocaba estar allí tres días por semana y a las pocas semanas se hicieron días infernales. La directora era una persona con signos muy claros de mentalidad inestable y poco juicio. El año empezó con una psicométrica nueva y la directora asignó a la señora que hacía el papeleo, una empleada ayudante, para el equipo como la encargada no solo para entrenar a la persona nueva, pero también a que se hiciera cargo de todos los asuntos del equipo y la coordinación de eventos. Esa señora, si bien llevaba en la escuela unos años, solo tenía escuela secundaria, no sabía de test psicométricos ni de evaluaciones psicosociales y se puso a "supervisar" todo lo que hacíamos. Traté de hablar con la directora como también con la asistente directora y la cosa se puso peor.

La señora asignada a supervisar el equipo de tres profesionales que incluía siempre a una maestra especializada empezó a comportarse de manera extraña y pude notar maldad en ella. Se puso a leer todos los reportes que se preparaban y a criticar el contenido sin tener conocimiento. Cuando le dije que ella no tenía conocimiento ni autoridad para estar examinando nuestros reportes, se quejó con la directora y esta me sacó de la oficina, me prohibió usar la computadora donde preparaba los reportes escritos, y no tuve acceso directo a un teléfono. Encima de todo eso, tenía que atender a los niños y a los padres en un pasillo. Me quejé en el distrito y el jefe de los equipos escolares vino un par de veces, pero no hizo nada y todo quedó igual. Le pedí que me asignara a otra escuela, me lo negó.

Me puse a indagar y descubrí que podía anotarme en una lista para cubrir escuelas donde necesitaban personal para hacer evaluaciones psicosociales y dos o tres veces al mes fui a otras escuelas. Otras veces, usé días de enfermedad y de esa manera traté de estar en esa escuela el menor tiempo posible.

El simple hecho de entrar en el edificio de la 127, me daba un gran malestar y dolor de cabeza. Cuando la directora se percató que estaba tomando mucho tiempo fuera de su escuela se puso furiosa. Como me había exigido que le diera una lista anticipada de mis actividades, un lunes vino con el papel en la mano y me enfrentó a gritos diciendo que no podía estar fuera de la 127. Yo le dije que otras escuelas requerían mis servicios lo cual era parte del proceso ofrecido por el distrito. En ese momento la mujer perdió el control y se puso a patalear, agitar los brazos, y a gritarme que yo no podía hacer eso. La cara se le puso roja por la ira y frustración ya que quiso provocarme, pero al ver que me quedé callado y mantuve mi compostura, ella perdió los estribos. Tuvieron que venir dos personas para sacarla del pasillo y llevarla a su oficina donde siguió gritando por un buen rato. El resto de la semana usé días de enfermedad y no fui a esa maldita escuela. Lo triste fue que el incidente tuvo lugar frente a la puerta abierta de la sala donde estaba la representante sindical y ella se quedó muda, y se dio por desaparecida.

Pensé en renunciar para evitar esa situación infernal. Por suerte un par de colegas me ayudaron a poner las cosas en perspectiva. Faltaban pocos meses para el fin de año, podía continuar con ayuda a otras escuelas, y mantener mi puesto ya que ofrecía muchos beneficios y un buen sueldo. Me armé de mucha paciencia y traté de evitar conversaciones con personas indeseables. Lo curioso fue que la segunda asistente directora se enteró de algunos detalles de la situación y al ver que mi documentación era hecha a mano, me dio una mesita con computadora en la salita de espera donde estaban las oficinas del equipo escolar para que hiciera el trabajo como era debido. La señora asignada para supervisar se mantuvo distante, pero hablaba peste de mi cada vez que podía. Me di cuenta de que ella presentaba trastornos mentales muy típicos de una personalidad fronteriza o "borderline personality" con matices psicóticos.

Durante el calvario en la escuela 127, recuerdo un incidente que tiene relación con la locura disfuncional de la directora. Ella tuvo muchas dificultades en comunicarse con los padres de los estudiantes. Un día, en el mismo pasillo donde me atacó, habían traído la madre de un niño que se quejó de un incidente donde él quedó mal parado. La madre, una señora afroamericana alta y de estatura imponente, subió a las oficinas en el primer piso con la guardia de seguridad y se quejó por lo que había pasado con su hijo. La directora le habló de mala gana y le dijo que su hijo era problemático, la madre se molestó y la directora le dijo que se fuera. De repente, la madre la llamó hija de perra y le tiró un puñetazo en la cara que hizo tambalear a la directora. En el pasillo había otras personas, unas cuatro o cinco que de inmediato formaron una pared entre la madre y la directora quien quedó aturdida. La guardia de seguridad le dijo a la madre que se fuera antes de que llegara la policía y así lo hizo. Yo estaba a unos cinco metros y al principio sentí regocijo al ver la manera en que le callaron la boca a la chiflada, sin embargo, después me sentí mal por haber gozado secretamente.

De todos modos, llegó el fin de año escolar lo cual trajo un gran alivio y pude empezar el año siguiente en otras escuelas que me parecieron estupendas. Me crucé con varios colegas que me contaron historias desagradables acerca de esa directora. Un par de años después de mi desaventura, me enteré de que ella se había jubilado. Continué disfrutando con el trabajo de terapia escolar mezclada con componentes clínicos obteniendo buenos resultados. Después de dos años en las mismas escuelas, se me presentó una oferta de salir de los equipos escolares para trabajar exclusivamente con la consejera en la escuela 92, ubicada en Corona, donde habían expandido los servicios de apoyo.

A pesar de que algunos colegas consideraron imprudente salirse de los equipos para entrar en un programa que no tenía la misma solidez de empleo, yo tomé el puesto. Me gustó mucho la idea de ir a un solo lugar y trabajar con el mismo grupo de lunes a viernes. La psicóloga encargada de la psicometría era una persona amiga y me presentó a los otros profesionales de manera tal que la transición fue suave y agradable. En esta escuela el equipo clínico estaba formado por una psicóloga, una consejera, dos trabajadores sociales, dos fisioterapistas, tres especialistas de habla y lenguaje, una maestra especializada, más una asistente.

El nuevo puesto en la escuela 92 ofreció un ambiente profesional y positivo mucho mejor de cualquier otra escuela que había conocido. La directora que me había entrevistado y me dio el trabajo se jubiló durante el verano por lo cual empecé el trabajo con un nuevo director quien había sido asistente director en esa escuela. Él fue muy amable y ayudó a que, el grupo de profesionales compuesto de 10 personas, se sintieran a gusto y reconocidos por un trabajo bien hecho. Había dos asistentes directoras, la que se encargaba de supervisar al equipo escolar y los servicios de educación especial era una persona excelente y con mucho talento. Ella consultaba con las diferentes profesiones y tomaba muy en cuenta nuestras recomendaciones, pero también tomaba en cuenta que dos de los profesionales en el equipo eran flojos en sus respectivos campos. Uno de ellos en particular era considerado malo en su trabajo, pero debido a los contratos con el sindicato, la administración no podía despedirlo.

Me involucré rápidamente con los niños, los padres, y las maestras. Al notar que mi manera de actuar y tratar a los alumnos era respetuosa y llena de consideración, el personal aceptó mis intervenciones. A los padres les agradaba charlar conmigo y al oír de los niños lo confiados que se sentían al participar en sesiones conmigo, empezaron a buscar consejo y asesoramiento pidiendo que fuera yo quien se hiciera cargo del caso. A los estudiantes desde el kínder al quinto grado les gustaba ser parte de mis grupos sobre el desarrollo de vínculos sociales con otros compañeros, elevar la autoestima, y mejorar la conducta. Mi estilo era flexible y los chicos tenían voz y voto en los grupos, pero también recibían instrucciones específicas acerca de lo que ellos deberían poner de su parte. Sentí que finalmente el trabajo era reconocido, pude tener experiencias llenas de satisfacción al ver el progreso de los niños, mi calidad profesional continuó mejorando, y participé en muchos talleres/conferencias varias veces al año donde aprendí y refiné técnicas terapéuticas.

Recuerdo que durante los primeros meses hubo muchas crisis con estudiantes que presentaban conflictos de conducta y aprendizaje bastante serios. La escuela era considerada de alta necesidad y la mayor parte del personal clínico se dedicaba a contener, manejar, y reducir las crisis. Mi participación, al ser hombre con voz sólida e imponente, hablando español empezó a tener un impacto y los estudiantes empezaron a escuchar. Fui visitando muchas clases y caminaba entre las mesas durante el almuerzo de los niños lo cual hizo que los chicos fueran notando y respetando mi presencia. Además, se corrió la voz que yo tenía juguetes en mi oficina y los que hacían caso tenían permiso para jugar con ellos. Incluso, como parte de la modificación de conducta, obtuve varias cajas de juguetitos que eran usados como recompensa por conductas positivas o socialmente aceptables. Algunos colegas no estaban muy convencidos, pero con el tiempo vieron la gran importancia que los chicos ponían en esas pequeñas recompensas y aceptaron ese método. Noté que los padres agradecían mucho esa intervención ya que los niños empezaron a portarse mejor en la escuela y en la casa.

El primer caso que me tocó era un chico afroamericano de nueve años en el cuarto grado. Este chico tenía una fama muy negativa porque no hacía caso en clase, hacia ruidos extraños e incoherentes, gritaba, se tiraba al suelo y se arrastraba como una serpiente entre los pupitres. Durante la primera semana, la maestra me llama porque el chico estaba metido debajo de su pupitre y trataba de distraer a los compañeros con palabrotas. Ya había visto al chico en circunstancias mejores. Entré en el aula y me agaché al lado del chico para preguntarle si quería venir a mi oficina, el ya conocía el lugar y había visto mis juguetes. Me miró con cara sorprendida porque no lo estaba regañando, se paró y fuimos caminando a mi oficina. Dejé que eligiera un juego y mientras jugaba me fue explicando lo que sucedió en la clase. Los alumnos estaban haciendo lectura y, cuando llegó su turno de leer en voz alta él sintió vergüenza por lo cual evitó la tarea escondiéndose bajo el pupitre.

Ese fue el comienzo de dos años rescatando al niño de momentos embarazosos y ofreciendo un lugar seguro dentro de mi oficina. Mientras que la maestra exigía que hiciera su tarea y dejara de portarse mal, yo le ofrecía un dialogo y un lugar donde no se exigía. Poco a poco fue tomando confianza y descubrí que el chico tenía dificultades de aprendizaje, mi colega le hizo un test y después varios más hasta que fue recibiendo ayuda con la lectura y la aritmética. La maestra y la supervisora me pidieron que trabajara con él dos veces por semana y otras en caso de crisis. Hubo dos situaciones en las que tuvimos que llamar a la ambulancia porque se puso a correr por los pasillos gritando y se colgó de las puertas abiertas imitando a un mono. En ambos episodios, el chico fue a parar por un día en el hospital psiquiátrico de niños.

Después del segundo episodio, la madre empezó a colaborar con el personal escolar y gradualmente, la conducta fue mejorando. El chico tenía episodios psicóticos y necesitó mucho tratamiento incluyendo medicamento para manejar y reducir esos arranques. Cuando estaba terminando el quinto grado se puso más estable, participaba mejor en la terapia, y pudo transferir a la escuela intermedia sin mayores problemas.

Durante sus crisis, este chico mantuvo una relación positiva a tal punto que cuando se lo llevaban amarrado en camilla al hospital mantuvo una sonrisa dirigida hacia mí. En las charlas habló de su familia y de un hermano mayor quien también tuvo problemas durante la escuela primaria. Me habló de sus arranques, hizo algunas reflexiones sobre algunas de las causas y del empeño que ponía para frenar impulsos.

A través de los años tuve que manejar muchas situaciones de negligencia, abuso físico y sexual, y grandes trastornos familiares. La escuela estaba ubicada en un barrio donde había muchos inmigrantes latinos de los cuales unos cuantos eran indocumentados. De vez en cuando recibíamos informes de que un padre fue deportado porque lo agarraron manejando embriagado causando gran desbaratamiento en el núcleo familiar.

Una vez tuve que atender a un chico de ocho años porque su padre fue deportado debido a que había abusado sexualmente a dos hijas. En la familia había un total de tres niñas, un niño, mamá, y papá de origen mejicano. Una de las niñas abusadas reportó el incidente en su escuela intermedia, el hombre fue arrestado, y poco después deportado a Méjico. El varoncito estaba mortificado por lo que había sucedido, enojado con el padre, pero furioso con la hermana que lo había delatado. La madre estaba hecha añicos y me pidió que hablara con el chico. El niño necesitó como dos años de charlas para superar la rabia que tenía contra su hermana y reconoció que también la tenía contra su padre porque el abuso había desbaratado la familia. La rabia aparecía indirectamente en la fabricación de pistolas hechas con papel y pretender que le disparaba a la gente.

Recuerdo otra situación que tuvo como punto de enfoque el abuso sexual de dos niñas. Quien estaba manejando el caso era la consejera y un día que ella estaba ausente vinieron dos detectives, hombre y mujer, para hacer ciertas averiguaciones y yo tuve que atenderlos. Esos detectives me impresionaron mucho porque estaban muy bien vestidos, aparte de un aire elegante, se veían cultos y muy profesionales en su comportamiento. Yo me entrevisté con ellos y se presentaron como miembros del departamento de policía pertenecientes a la unidad de Victimas Especiales. Mientras hablábamos sobre el historial escolar de las niñas, tuve la impresión de que estaba envuelto en uno de los casos presentados en el programa de televisión llamado Ley y Orden: Victimas Especiales el cual siempre me ha gustado. Fue una experiencia casi surreal que me hizo imaginar estar participando en uno de los capítulos del programa televisivo ya que los detectives se comportaban como los dos protagonistas principales, hombre y mujer, en el show.

Lamentablemente, después de cinco maravillosos años en la escuela 92, el distrito hizo cortes en el presupuesto y como parte de eso, el puesto que ocupaba fue eliminado. A pesar de que esa era una escuela de alta necesidad, el administrador del distrito explicó que era un lujo mantener dos puestos clínicos en una escuela. Ne le importó que al tener dos personas haciendo intervenciones habíamos reducido las crisis y muchos niños empezaron a producir mejor trabajo académico. Ayudar a los niños a sentirse bien consigo mismos, hizo que se concentraran mejor en su trabajo escolar. De todos modos, tuve que buscar un puesto en otras escuelas y la opción fue volver a ser miembro de un equipo escolar como lo era antes. Me apareció un puesto para estar cuatro días en una escuela superior cerca de Astoria y un día en la escuela técnica de aviación en Sunnyside la cual era muy conocida. Pensé que sería interesante trabajar una temporada con adolescentes para ver cómo era el trabajo escolar con chicos grandes y más allá de la escuela primaria.

23

Experiencias en Otros
Ambientes Escolares

Las escuelas superiores o "High School" como son llamadas en los Estados Unidos, que me tocaron eran muy diferentes. La escuela técnica de aviación ofrecía un ambiente respetuoso y profesional, pero solo estuve un día por semana. La otra escuela que era como un bachillerato genérico, tenía un ambiente con aire negativo y preocupante. Los estudiantes tenían muchos problemas sociales y de conducta, parecía que el aprendizaje no era importante. Esta escuela ofrecía servicios de educación especial a un grupo de 450 alumnos y el equipo escolar anterior había dejado más de 300 casos incompletos que requerían revisión, test, y evaluaciones. Me enteré de que el nuevo psicólogo encargado del test escolar era un muchacho ecuatoriano que ya conocía de antes y eso me ayudó a empezar con ganas.

En ambas escuelas encontré estudiantes que me conocían de cuando estaban en la primaria y me dio gusto verlos convertidos en muchachos grandes entre los 15 y 18 años. Me sentí muy satisfecho al ver que me recordaban con cariño y con agradecimiento por lo que hice con ellos. Con mi colega y amigo empezamos el año organizando y planeando la mejor manera de resolver los casos pendientes. Nos repartimos el trabajo y pudimos completar unos 20 casos el primer mes. Había un grupo de colegas que trabajaban cortésmente con nosotros, pero también había algunos que mostraban poco interés en el trabajo y se la pasaban quejándose. Sin embargo, noté que la parte administrativa era negativa y actuaban de manera tal que los alumnos eran vistos como salvajes y enemigos. Ese aire combativo aparecía cada vez que había un incidente debido a peleas y permeaba por todas partes.

Mi tarea en la escuela de los cuatro días era hacer evaluaciones, asistir en preparar programas educativos, dar consejería a varios alumnos, entrevistar padres, y asesorar profesores. Otra tarea que me fue asignada consistía en entrevistar alumnos que habían cometido ofensas graves que requerían suspensiones fuera de la escuela. El enfoque de esas evaluaciones era determinar si el acto cometido era debido a la discapacidad del alumno o era debido a otra cosa. A través de una investigación del incidente, también me tocaba determinar la gravedad de la conducta y preparar un reporte con recomendaciones al distrito para que asignaran donde el estudiante iría a cumplir la suspensión. Cuando empecé me dijeron que, generalmente, en un año escolar habría unos cinco o seis casos. Sin embargo, en el cuarto mes ya había trabajado en 15 casos. Era una tarea intensa porque cada caso se tenía que completar en 48 horas para que el distrito tuviera todos los documentos, y después seguirlo con padres y autoridades por un mes o hasta que el alumno regresara a la escuela.

La determinación de los casos incluía situaciones como cuando un estudiante traía un arma en la escuela y era detenido, atacar a otro estudiante y lastimarlo, o atacar a un profesor. Recuerdo el caso de un muchacho quien quiso ver si la mezcla de ciertos químicos con la pintura en las paredes podría causar un fuego, lo hizo y tuvieron que llamar a los bomberos. También me tocó evaluar y manejar algunos casos donde los estudiantes fueron encarcelados. Cuando estos retornaban de la cárcel, había que manejar el regreso y reajuste para que se incorporaran a la escuela. Por ley, la escuela estaba obligada a darles servicios hasta que los estudiantes cumplieran los 21 años de edad. Hubo casos donde algunos muchachos violaban a chicas y se convertían en asuntos criminales más serios.

La tarea de equipo con mi colega nos dio buenos resultados porque ambos trabajamos con ganas y con intensidad. Al revisar muchos casos descubrimos que la causa de tantos incompletos fue debido a conflictos entre los miembros del equipo, la directora, y el asistente director encargado de supervisar el programa especial. De todos modos, limpiamos y organizamos de manera completa unos 200 casos en nueve meses cuando el promedio anual para muchos equipos era de 100 casos. Nos dio mucho orgullo y satisfacción completar tantos casos. Sin embargo, nos llevamos tremenda sorpresa cuando nos reunimos con la directora y el asistente director porque ellos se enfocaron en todos los casos pendientes e incompletos que quedaban. Nos pareció absurdo la mentalidad de esa gente y recuerdo que me molesté mucho y casi los mando al carajo.

Me puse en contacto con el director de la escuela 92 para decirle que no iba a continuar trabajando en esa escuela superior y pensaba jubilarme. Le pregunté si me daría un puesto parte de tiempo para trabajar un par de días por semana y me dijo que sí. Al poco tiempo se comunica de vuelta para decirme que la consejera se jubilaba a fin del año escolar y me ofreció tomar el puesto por completo para el siguiente año en vez de jubilarme y así lo hice. Con mucha alegría hice planes para dejar el puesto donde sentí mucha ingratitud a pesar de haber hecho un trabajo que fue el doble de lo esperado.

Diez días antes de terminar el año escolar me llaman de Italia para decirme que mi madre había fallecido. Hice un viaje de urgencia, pero en vez de quedarme dos o tres semanas tuve que regresar a los cinco días para cumplir ciertos requisitos con la escuela ya que no regresaría al año siguiente. Regresé del viaje agotado, muy triste por la muerte de mi madre, y sin ganas de trabajar. Los últimos dos o tres días que estuve allí fueron muy sufridos porque el lugar no era acogedor ni daba signos de apoyo para quienes estaban en ese trabajo. Cuando me despedí de la escuela de aviación, la experiencia fue muy diferente porque allí me trataron con respeto y dignidad; me hubiera gustado poder continuar, pero el sistema no permitía ciertos arreglos.

El regreso a la Escuela 92 fue como una celebración. Cuando entré de vuelta en el edificio de mi escuela favorita, me sentí feliz al ver como el personal y los alumnos me recibieron mostrando una alegría genuina. Muy rápidamente re establecí mis rutinas y la consejera que se había jubilado, vino varias veces para ayudarme con algunos papeleos. Ella me estimaba mucho y quería ayudarme con algunas tareas lo cual hizo voluntariamente. Se alegró al ver que los estudiantes me venían a saludar con cariño.

Dediqué ese año a continuar con mis tareas de asesorar, aconsejar padres y maestras, y en la terapia escolar con los niños. Ese año extra me ayudó económicamente y después de jubilarme continué trabajando un par de años más dos días por semana. La nueva consejera que fue asignada era joven, con poca experiencia ya que este era su segundo año en las escuelas. Me convertí en su mentor y ella me agradeció mucho todo el apoyo e información que le pude brindar.

Empecé a tomar un par de clases en la universidad y encontré ayuda para empezar a escribir. La organización de profesionales escolares ofrecía clases y talleres para desarrollar la escritura y eso me ayudó mucho. Estas actividades llenaron mi vida de una manera que fue muy nueva para mí porque sentía necesidad de hacer cosas. Encontré que fue muy satisfactorio mantenerme activo con cosas que hacía con agrado y me dieron la oportunidad de reflexionar acerca de todo lo vivido.

24

Conclusiones & Reflexiones

Había planeado escribir como un recuento de las experiencias vividas a través de los años influenciado por mi hija quien me venía pidiendo que tratara de ponerlo por escrito. A medida que mi vida laboral se fue reduciendo, empecé a organizar mi tempo para incluir momentos que fueron permitiendo aclarar mis ideas. Los dos años cuando trabajé solamente dos días por semana fueron productivos dado que volví a tomar clases en la universidad para mantener la mente activa. Esas clases en historia, filosofía, y escritura me dieron la base para empezar este escrito. Todo empezó con la idea de crear un "memoir" o memoria y gradualmente se convirtió en una colección de muchas memorias. Mi intención fue ofrecer una recolección de eventos para que mis hijos pudieran conocer mi historia, aprender de ella, y disfrutar del conocimiento acerca de sus raíces.

Mi introvertida personalidad ayudó a que me enfocara y pensara en mi vida lo cual permitió que pudiera reflexionar sobre la manera en que la viví. Los hechos presentados están basados en la manera que yo los recuerdo. El primer impacto que dejó profundas imágenes fue cuando a los siete años me convertí en inmigrante y atravesé el Océano Atlántico en barco. Los primeros diez años vividos en Argentina seguidos por los próximos cuatro vividos en Suiza fueron muy enriquecedores. Otro gran impacto fue el regreso y los estudios universitarios en la Universidad de Buenos Aires en medio de tumultos económicos, sociales, y de dictadura militar. Luego fue la inmigración a Estados Unidos, establecerme en Nueva York en el 1974, y hacerme ciudadano USA en 1980. Debido a tantos altibajos, todos esos eventos dejaron huellas profundas en mi vida.

Muchas veces me maravillo pensando que pueda ser la misma persona que en una temprana edad jugaba inocentemente en un pequeño pueblo en las montañas de Italia, quien atravesó el océano en barco tres veces, quien jugó con pingüinos en Patagonia, y quien visitó muchos pueblos. Aunque parezca extraño, cuando estoy relajado y puedo meditar con calma, me veo a mi mismo en todos esos eventos y siento que cada experiencia es un eslabón más en la enredada cadena que trazó la existencia de mi vida. En resumen, pienso que la búsqueda para encontrarme con mis raíces y a mi mismo después de un largo camino me permitió aceptarme y llegar a estar más confortable con quien soy.

A pesar de residir 43 años y ser ciudadano desde 1980 nunca dejé, ni me dejaron, de sentir un emigrante. Tuve que aguantar muchos actos discriminatorios a través de los años, pero pensé que fueron disminuyendo con el tiempo. Sin embargo, el malestar social que fue desencadenado por un populista demagogo durante el 2016 y fue tomando una fuerza que se agigantó de manera desorbitante en 2017, trajo memorias de los años vividos en Argentina cuando los oligarcas o militares controlaban el país con desfachatez y sin pudor alguno. Todos los eventos recientes se fueron mezclando con mis recuerdos y han creado una preocupación muy grave en mi mente.

Para mí, es una triste y extraña paradoja que, en un país de emigrantes, construido por emigrantes, haya tanto odio en contra de los emigrantes. Parece que la gente tiene mucha ignorancia de la historia y no quiere aceptar que los verdaderos americanos son los nativos aborígenes que poblaban estas tierras y que fueron masacrados por los anglosajones.

De una manera u otra, todos los demás somos emigrantes. A medida que el demagogo populista va mostrando su ignorancia e instiga al populacho a que se fomente el odio y se intensifiquen las divisiones sociales, causará que el país quede desgarrado. Ya hay partes de los Estados Unidos donde se vive como en un pobre país del tercer mundo lo cual es ignorado por la clase dominante.

Es muy doloroso, en mi tercera edad, en mi joven vejez, o en mi madurez estar otra vez viviendo en un mundo donde no hay democracia y observar la manipulación totalitaria de las masas. En un país donde las instituciones básicas de gobierno como el Tribunal Supremo, el Congreso, y el Ejecutivo están en manos de un solo partido la democracia no existe. Lo que hay es un monopolio político donde todo tiene que marchar en una sola dirección y no se permite un balance de poder. El demagogo amenaza y estrangula la libre expresión como sucede en Corea del Norte, Rusia, Venezuela, y otros países en Latinoamérica, África, o Asia. Cuando el demagogo no acepta que lo critiquen y desata ataques en contra de las libertades, la democracia está muerta.

El sistema de gobierno que comenzó con el slogan hacer América grande otra vez simplemente ignoró el hecho de que América ya era grande, por lo menos hasta el 2016. El demagogo, con sus cómplices en el congreso, en la corte suprema, y en algunos medios de comunicación de ultra derecha han consolidado un tipo de gobierno donde los ricos se hacen más ricos, los pobres cada vez más pobres, y la clase media va desapareciendo. Muy parecido al sistema que viví en Argentina cuando la dictadura militar o el control de los oligarcas dominaba el país. Los pasos que se están tomando van a transformar este gran país en uno muy similar a tantos de los países del tercer mundo. ¡Que Dios nos ayude!

Es preocupante ver que un segmento de la población pueda aceptar ciegamente todas las falsedades que se les presenta. Los que ignoran la historia deberían leer y empaparse de la verdadera historia de los Estados Unidos que, particularmente, cubra el período entre los años 1870 y 1910 para que entiendan el sistema oligárquico. Para los incrédulos, sugiero que lean otro libro interesante para captar mejor la realidad, La Manipulación de las Masas por Sigmund Freud.

Es muy triste para mi terminar este escrito con un tono negativo. Lamentablemente, esto es debido a la nueva realidad que estoy viviendo. Más que nada, mi propósito fue darles a mis hijos un legado por el cual puedan aprender acerca de sus raíces y tal vez conocer o ver a su padre bajo una perspectiva diferente. También espero que este escrito pueda abrir muchos ojos porque trata de ofrecer una visión amplia, en vez de obtusa, del mundo en que vivimos.

REFERENCIAS

Cambria, Doménico. Hirpinia, el Sannio Reencontrado, Gráfica Lucarelli, Ariano Irpino, mayo 2003

Fabiano, Padre Ricardo. La Iglesia Mayor de Carife, Puntos Históricos, Poligráfica Irpina, Lioni (AV), agosto 1998

Salvatore, Salvatore. Carife, Ciudad de los Sanniti, Sellino & Barra Editores, Avellino 1995, pg. IX

Sciretta, María. La Población de Carife en los 1700 a Través de los Libros Parroquiales, WM Ediciones, Atripalda (AV), marzo 1991

(((((((((((((====)))))))))))))))